Missouri Synod Lutheran Church;

Verhandlungen der Allgemeinen Pastoralconferenz der Synode von Missouri, Ohio u. a. Staaten

über die Lehre von der Gnadenwahl

Missouri Synod Lutheran Church;

Verhandlungen der Allgemeinen Pastoralconferenz der Synode von Missouri, Ohio u. a. Staaten
über die Lehre von der Gnadenwahl

ISBN/EAN: 9783337377465

Hergestellt in Europa, USA, Kanada, Australien, Japan

Cover: Foto ©ninafisch / pixelio.de

Weitere Bücher finden Sie auf www.hansebooks.com

Verhandlungen

der

Allgemeinen Pastoralconferenz

der

Synode von Missouri, Ohio u. a. Staaten

uber die

Lehre von der Gnadenwahl.

Chicago, Ills.,

vom 29. September bis 5. October 1880.

St. Louis, Mo.
Druckerei des „Lutherischen Concordia-Verlags".
1880.

J. N. J.

Im September des Jahres 1880 erging an alle Pastoren und Professoren der „Deutschen ev.=luth. Synode von Missouri, Ohio u. a. St." brieflich folgende

Einladung:

Da seitens der Synobal-Conferenz bislang nichts geschehen ist, den über die Lehre von der Gnadenwahl ausgebrochenen Lehrstreit zu schlichten; da uns also nichts anderes übrig bleibt, als daß wir wenigstens innerhalb unserer eigenen Synode die Lehreinigkeit wiederherzustellen suchen; da enblich aber auch die Umstände einen längeren Aufschub nicht rathsam erscheinen lassen: so übernimmt Unterzeichneter auf Antrag der Pastoralconferenzen von Chicago und St. Louis die Verantwortlichkeit, hiemit alle Pastoren und Professoren unserer Synode zu gedachtem Zwecke zu einer außerordentlichen allgemeinen Pastoralconferenz auf den 29. September d. J. in der Kirche Herrn Pastor A. Wagners in Chicago, Ill., einzuladen.

Der Gang der Verhandlungen könnte dieser sein: daß zuerst festgestellt werde, worin man einig, sodann worin man uneinig sei, und darauf die Differenz nach Schrift und Bekenntniß (sonderlich Artikel 11. der Concordienformel) beleuchtet werde, oder daß der Besprechung nebenstehende einer Specialconferenz bereits vorgelegten Thesen unterbreitet werden, oder daß irgend ein anderer der Conferenz ersprießlicher erscheinender Weg zur Erreichung des Zweckes der Versammlung eingeschlagen werde. Jeder sollte dabei die Concordia und zwar in beiden Sprachen in Händen haben.

Ich zweifle nicht, daß kein Glied unseres Ministeriums, welchem das Heil unserer Kirche, resp. unserer Synode am Herzen liegt, von dieser wichtigen Versammlung fern bleiben werde, es wäre denn, daß ihm nicht zu beseitigende Hindernisse entgegen stehen, und bin der getrosten Zuversicht, der barmherzige Gott werde es an seiner Gnade nicht fehlen lassen. Ihm befohlen!

Stonebridge, Canada, den 5. September 1880.

H. C. Schwan.

Dieser Einladung zufolge fanden sich am 29. September d. J. in Chicago ein:

I. aus der Missouri-Synode:

a. die Professoren:

1. aus St. Louis: Dr. C. F. W. Walther, G. Schaller, M. Günther, C. H. R. Lange, F. Pieper.
2. aus Springfield: A. Crämer, H. Wyneken, G. Kröning.
3. aus Fort Wayne: Dir. F. Zucker, Rector G. Schick, F. W. Stellhorn, A. Crull, Conrector R. A. Bischoff.
4. aus Abbison: Dir. E. A. W. Krauß, C. A. T. Selle, K. Brauer, C. E. Häntzschel, Th. Brohm, J. Merkel.

b. die Pastoren:

1. aus dem Canada-District:
J. C. Borth, A. Ernst, J. Frosch, Chr. Hochstetter. (Total: 4 Personen.)

2. aus dem Illinois-District:
W. Achenbach, E. A. Brauer, A. H. Brauer, C. Brauer, Th. Buszin, E. Beck, G. W. Brügmann, C. F. Brecht, W. Bohlen, J. E. Baumgärtner, C. Baumann, J. Bergen, W. Bartling, G. Blanken, Th. Biltz, B. Burfeind, F. Behrens, F. Brunn, F. Döberlein, J. Dunsing, J. Drögemüller, E. Döring, A. Detzer, H. Dageförde, W. Dorn, H. Dörmann, H. P. Duborg, C. Eißfeldt, H. F. C. Engelbrecht, F. Erdmann, C. W. R. Frederking, H. F. Früchtenicht, E. G. Franck, J. C. L. Frese, H. Flachsbart, G. Gößwein, P. Gräf, D. Gräf, G. Th. Gotsch, H. F. C. Ch. Grupe, J. G. Göhringer, A. D. Greif, T. J. Große, F. M. Große, H. H. Holtermann, P. Hansen, H. W. Hömann, W. Hallerberg, J. M. Hahn, J. Heyer, L. Hölter, M. Heyer, E. Hieber, G. Johannes, Chr. Kühn, G. Kühn, H. Kowert, L. E. Knief, C. S. Kleppisch, H. Kollmorgen, W. Krebs, F. Karth, O. Ratthain, F. Lußky, J. Löschen, F. Lochner, F. Lehmann, F. A. H. Loßner, L. Lochner, G. S. Löber, C. F. Liebe, J. C. H. Martin, C. Martens, H. Meyer, W. Mertner, C. A. Mennicke, B. Mießler, E. L. Mangelsdorf, G. A. Müller, G. Mochel, G. J. Müller, H. F. C. Meyer, H. H. Norden, J. F. Nuoffer, J. Nachtigall, C. M. Otto, W. C. H. Oetting, F. Ottmann, A. C. Th. Ponitz, Th. Pissel, A. Reinke, E. Röder, J. Rauschert, E. Riebel, H. Ramelow, H. Schmidt, J. Strieter, C. G. Schuricht, C. Schraber, F. Schröder, C. Steege, F. H. Siebrandt, H. Sieving, A. Schüßler, C. A. Sieving, F. W. Schlechte, F. Schaller, W. Steffen, L. v. Schenck, A. Sippel, G. A. Schieferdecker, H. Succop, C. A. Trautmann, G. Traub, W. Uffenbeck, H. Weisbrodt, L. Winter, A. Wangerin, F. Wolbrecht, A. Wagner, H. Wunder, H. W. Wehrs, B. Zahn. (Total: 123 Personen.)

3. aus dem Jowa-District:

J. Aron, F. Besel, J. H. Brammer, F. S. Bünger, C. A. Bretscher, C. W. Baumhöfener, Th. Bräuer, J. L. Crämer, L. W. Dornseif, J. Ph. Dornseif, F. Ehlers, J. Eisenbeiß, J. Fackler, F. W. Grumm, A. Grafelmann, J. P. G. Gülker, J. P. Günther, C. W. Heinicke, Th. Händschke Ch. F. Herrmann, J. Horn, J. H. Haake, W. Mallon, K. Machmüller, L. C. Niemeyer, G. Reisinger, P. Rupprecht, Ph. Stubt, W. T. Strobel, F. v. Strohe, J. Streckfuß, H. Semmann, J. Seßler, C. Wiegner, C. Zürrer. (Total: 35 Personen.)

4. aus dem Mittleren District:

F. W. Brüggemann, C. E. Bode, J. H. Bethke, A. Brömer, C. F. Bösch, W. Brakhage, H. Crämer, H. Diemer, C. Dreyer, A. Dankworth, H. Evers, H. Ernst, H. Fischer, Ph. Fritze, H. Gruber, C. A. Germann, G. Heintz, S. Hassold, C. Hamann, Th. F. F. Hahn, H. Horst, H. Jüngel, J. H. Jox, H. Jungkunz, C. Jehn, H. Kühn, C. Kretzmann, J. G. Kunz, D. Kolbe, H. Katt, H. W. Lothmann, W. J. B. Lange, H. Meyer, K. Mees, J. G. Nützel, J. H. Niemann, J. F. Niethammer, F. W. Pohlmann, H. W. Querl, G. Runkel, J. Rupprecht, G. Rosenwinkel, G. Reichhardt, H. C. Schwan, C. F. Steinbach, F. Stock, J. A. Schmidt, G. W. Schumm, H. Schöneberg, H. Schlesselmann, H. G. Sauer, G. Seemeyer, G. Spiegel, W. Sihler, P. Seuel, H. Steger, P. Schwan, Ph. Schmidt, H. Sieck, C. Sitzmann, C. Sallmann, H. Wunderlich, H. Weseloh, J. H. Werfelmann, A. Zagel, C. Zschoche, G. M. Zucker. (Total: 67 Personen.)

5. aus dem Nördlichen District:

F. W. M. Arendt, H. Bauer, W. Burmester, F. Düver, H. Gose, G. A. Henkel, J. C. Himmler, J. A. Hügli, F. Häuser, H. Jüngel, H. Koch, J. Karrer, G. B. Lange, C. Lohrmann, H. Lemke, J. List, J. F. Müller, K. L. Moll, J. H. P. Partenfelder, C. H. Rohe, F. Sievers, Ferd. Sievers, jun., J. Schmidt, J. Trautmann, H. Torney. (Total: 25 Personen.)

6. aus dem Nordwestlichen District:

F. B. Arnold, G. E. Ahner, E. Aulich, H. A. Allwardt, G. Barth, J. v. Brandt, C. Börneke, C. Damm, P. H. Dicke, J. L. Daib, W. Endeward, C. F. Ebert, H. Erck, J. Friedrich, C. Grothe, E. C. Georgii, W. Hubtloff, J. Herzer, J. M. Hieber, C. Holst, S. Hertrich, J. Horst, J. G. Hilb, F. Johl, F. Keller, H. Kretzschmar, D. Kothe, C. Kollmorgen, A. Käselitz, G. Küchle, Th. Krumsieg, F. H. Kolbe, W. Leßmann, A. Landeck, J. Leyhe, G. H. A. Löber, Ch. H. Löber, H. J. Müller, Chr. Mäurer, C. G. C. Markworth, G. W. Müller, K. A. Meyer, J. P. Osterhus, J. G. Prager, T. Rösch, A. Rohrlack, C. Rolf, J. Schütte, F. Steyer, M.

Stülpnagel, H. Sprengeler, W. C. Schilling, H. Stute, J. Strasen, F. Schumann, L. Schütz, C. Strasen, H. Sagehorn, G. P. A. Schaaf, C. Seuel, F. Sievers, F. Streckfuß, K. F. Schulze, J. Schulenburg, C. J. Schwan, C. Theel, H. Vetter, J. J. Walker, W. Weber, F. Wesemann, Ph. Wambsganß, G. Wildermuth, C. M. Zorn. (Total: 73 Personen.)

7. aus dem Oestlichen District:

F. A. Ahner, J. P. Beyer, A. Biewend, F. Dreyer, H. Ebendick, C. H. F. Frincke, J. Feiertag, C. J. T. Frincke, W. A. Frey, H. Fick, A. Ch. Großberger, C. Groß, P. Heid, J. G. Häfner, F. T. Körner, A. Krafft, F. König, H. C. A. Kanold, S. Keyl, F. Lindemann, M. Michael, G. Rademacher, E. J. Sander, Cl. Stürken, G. F. Stutz, J. Sieck, M. Töwe, H. Walker, H. Weseloh, C. Zollmann. (Total: 30 Personen.)

8. aus dem Westlichen District:

H. Bartels, H. Bremer, A. Bäpler, H. Birkner, R. H. Biedermann, F. J. Bilz, C. C. E. Brandt, J. M. Bühler, A. Baumhöfener, C. H. Demetro, J. F. Döscher, J. P. Fackler, C. Günther, J. H. P. Gräbner, J. Griebel, K. Th. Gruber, H. F. Grupe, J. Hilgendorf, W. Heinemann, P. H. Holtermann, C. J. O. Hanser, C. L. Janzow, H. Krause, F. Köstering, C. W. Kähler, C. Lehmann, C. O. Lenk, G. Link, F. W. G. Matuschka, C. G. Möbinger, Th. Mießler, J. A. Mayer, F. Nützel, J. J. Detjen, C. F. Obermeyer, W. G. Polack, J. A. Proft, F. W, Pennekamp, G. Polack, F. Rohlfing, J. Roschke, O. Spehr, P. Schwankovsky, B. Sievers, C. F. W. Sapper, T. Stiemke, G. Stöckhardt, J. H. Theiß, O. F. Voigt, C. Vetter, H. P. Wille, R. Winkler, H. Wesche, L. Wahl, O. S. Zimmermann. (Total: 55 Personen.)

c. Zuhörer*):

Lehrer: J. Brase, Ch. H. Brase, G. Käppel, C. A. Zutz.

Gemeindeglieder: C. L. Arndt, W. M. Brocklage, J. Brocklage, C. Kretzschmar, F. Schumacher, W. Köpsell, C. Ph. Germann, R. Müller, Ch. J. Kröning, W. Thoms, J. P. Fackler, F. G. Albers, C. L. Berner, W. Fuchs, G. Maas, H. Wiebold. (Total: 20 Personen.)

II. aus anderen Synoden der Synodal-Conferenz:

a. aus der Minnesota-Synode: Pastor J. H. Sieker.

b. aus der Norwegischen Synode: die Professoren: H. A. Preus, J. Ylvisaker, F. A. Schmidt, H. G. Stub. Die Pastoren: D. Juul, C. M. Hvistendahl, C. K. Preus, A. Andersen, A. G. Helgesen, B. Koren.

---

*) Siehe hierzu Seite 8.

c. aus der Ohio=Synode: die Pastoren: P. Brandt, H. Henkel, F. Zagel.

d. aus der Wisconsin=Synode: Prof. A. L. Gräbner, Pastor A. Pieper.

Es waren demnach zugegen laut Namensunterschrift im Ganzen 467 Personen: nämlich aus dem Ministerium der Missouri=Synode 431 Personen, aus der Hörerschaft der Missouri=Synode 20 Personen, aus anderen Synoden 16 Personen.

Bemerkung: Diese Ziffern würden sich noch höher belaufen, wenn alle Anwesenden dem Wunsche der Conferenz nachgekommen wären und ihre Namen in die aufgelegten Listen eingetragen hätten.

Die Sitzungen der Pastoralconferenz begannen am 29. September Mittwoch Vormittags in der Kirche des Herrn Pastor Wagner zu Chicago und wurden am 5. October Dienstag Abends geschlossen. Im Ganzen waren es 11 Sitzungen, welche sämmtlich mit einem kurzen Gottesdienst (Gesang eines Liedes und Verlesung eines Bibelabschnittes aus dem Altenburger Bibelwerk) begonnen und mit dem Gebet des HErrn geschlossen wurden. Mit Ausnahme der beiden letzten sind sämmtliche Protokolle über die Verhandlungen vor der Conferenz verlesen, von ihr corrigirt und schließlich angenommen worden; die beiden letzten Protokolle revidirte eine von der Conferenz erwählte Committee. Laut Beschluß der Conferenz werden hier diese Protokolle Wort für Wort, unverändert wiedergegeben.

Erste Sitzung.
Mittwoch Vormittag, den 29. September.

Zufolge einer an alle Professoren und Pastoren der Missourisynode gerichteten Einladung von Seiten des Hochwürdigen Allgemeinen Präses dieser Synode versammelten sich dieselben heute in der Kirche des Herrn Pastor A. Wagner in Chicago, Ills., um den über die Lehre von der Gnadenwahl innerhalb der Synodal=Conferenz ausgebrochenen Lehrstreit zu schlichten. Die erste Sitzung wurde in üblicher Weise mit einem liturgischen Gottesdienst eröffnet, bei welchem das 17te Capitel des Evangeliums Johannis verlesen wurde. Sodann erwählte die Versammlung durch Acclamation Herrn Pastor J. P. Beyer zum Moderator, und die Pastoren J. Fackler (Jowa), J. G. Nützel, A. Krafft und G. Runkel zu Secretären. (In einer späteren Sitzung wurde noch Herr Director C. A. W. Krauß zum Hilfssecretär ernannt.)

Auf die nun erhobene Anfrage, ob es erlaubt sei, daß „Reporters" anwesend seien, die über den Verlauf der Verhandlungen in den Zeitungen berichten, wurde geantwortet: Es handelt sich bei diesen Versammlungen um eine Familienangelegenheit unserer Synode; daher sollen Reporters ganz ausgeschlossen sein. Auch soll kein Conferenzmitglied die Freiheit haben, jetzt schon mit Berichten in die Oeffentlichkeit zu treten. Es wird ja alles öffentlich werden, so hell und klar wie die Sonne; aber es ist offenbar ganz verfehlt, wenn man eine Familienangelegenheit ausmacht und sie nun gleich auf offenem Markte kund thut. Es wurde daher beschlossen: Von diesen Verhandlungen soll jetzt nichts in den Zeitungen publicirt werden; es ist daher den Zeitungs-„Reporters" gar nicht erlaubt, hier anwesend zu sein.

Auf die weitere Frage, ob der letzte Theil dieses Beschlusses auch die gegenwärtigen Glieder aus der Hörerschaft — sofern sie aus lutherischen Gemeinden kommen — in sich schließe, antwortete die Conferenz: Es sind manche Laien in der Hoffnung hierher gekommen, daß sie den Verhandlungen beiwohnen dürften. Zwar sei dies nur eine Pastoralconferenz, aber wenn nun Jemand aus unseren Gemeinden in der Voraussetzung gekommen sei, daß er zugelassen werde, so wäre es nicht fein, ihn abzuweisen. Da hätten eben die Pastoren vorbeugen und den Leuten zu Hause sagen können: Wir haben da eine Sache, worüber erst einmal das Ministerium unter sich einig werden will, darum sollten nur Pastoren anwesend sein. Denn wenn Einer dabei sein kann, dann kann es auch ein Anderer, und da könnte gar leicht ein schwacher Christ dabei sein, der großes Aergerniß nimmt, wenn er sieht, daß die Prediger selbst nicht einig sind. Doch, weil es unfreundlich aussähe, wenn man solche Brüder, nachdem sie einmal da sind, zurückweisen würde, so mögen sie eben theilnehmen und sich dabei als Christen verhalten, die Gott anflehen, daß er ihnen Gnade gibt, die Wahrheit zu erkennen, und sich nicht daran stoßen, wenn sie auch hören, daß hier von Menschen etwas Irriges ausgesprochen wird. Demgemäß wurde beschlossen: Wer in der Voraussetzung hiehergekommen ist, daß er an den Verhandlungen theilnehmen könne, dem sei es verstattet, den Sitzungen anzuwohnen; wer aber nicht zur Missourisynode gehört, möge, wenn er den Sitzungen beiwohnen wolle, so freundlich sein und sich melden. Dieser Beschluß wurde noch ergänzt durch den nachfolgenden: daß alle solche Pastoren und Zuhörer, die aus nicht zur Missourisynode gehörigen Gemeinden kommen und an den Verhandlungen theilnehmen wollen, sich erst melden müssen.

Es sollte nun ordnungsmäßig eine Präsenzliste verlesen und so die Anzahl der anwesenden Mitglieder festgestellt werden; weil aber durch den Namensaufruf der einzelnen Anwesenden zu viel Zeit für die eigentlichen Verhandlungen würde verloren gehen, so wurde beschlossen: daß so viele Bogen Papier aufgelegt werden, als unsere Synode Districte zählt, ferner ein Bogen für die Zuhörer aus der Missourisynode und ein Bogen für die nicht zur Missourisynode gehörigen Pastoren und Zuhörer zusammen; und daß jeder Anwesende in der Zeit zwischen den einzelnen Sitzungen seinen Namen auf den betreffenden Bogen schreibe.

Endlich wurde beschlossen, daß die Vormittagssitzungen von 9 bis ½12 Uhr und die Nachmittagssitzungen von ½3 bis 5 Uhr dauern sollen.

Nach Erledigung dieser äußeren Angelegenheiten schritt die Conferenz zur Behandlung ihres Hauptgegenstandes, betreffend die Lehre von der Gnadenwahl.

Zuerst wurde über den Gang der Verhandlungen gesprochen. In der an die Pastoren und Professoren gerichteten gedruckten Einladung waren zwei Wege angegeben, wornach man in diesen Handel gehen könnte: daß nämlich zuerst festgestellt werde, worin man einig, sodann, worin man uneinig sei, und darauf die Differenz nach Schrift und Bekenntniß (sonderlich Art. 11. der Concordienformel) beleuchtet werde; oder daß zwölf — einer Special-Conferenz bereits vorgelegte Thesen, verfaßt vom Hrn. Dr. Walther — der Besprechung des obigen Gegenstandes unterbreitet werden. Außer diesen beiden vorgeschlagenen Wegen wurde jetzt noch ein dritter genannt: daß wir nämlich einfach den 11. Artikel der Concordienformel lesen und uns durch Gottes Gnade über den Inhalt dieses Artikels verständigen. Denn die Frage sei doch die: ob die eine Seite unter uns oder die andere Seite von der Gnadenwahl lutherisch lehre. Wie wollen wir das beweisen? Es ist kein anderer Weg, als daß wir sehen, was das Bekenntniß lehrt. Wer bekenntnißgemäß lehrt, ist darin lutherisch, wer nicht bekenntnißgemäß lehrt, ist darin nicht lutherisch. Und als Lutheraner müssen wir auch von der Voraussetzung ausgehen, daß unser Bekenntniß so hell, klar und unmißverständlich ist, daß wir, wenn wir es nur einfältig lesen, nothwendig Einer Meinung sein müssen; wenn wir nur nichts hineinconstruiren, nichts hineinlegen, sondern es nehmen, wie es da steht. Dazu haben wir uns ja alle mit Freuden auf unser Bekenntniß verpflichtet, daß wir dabei bleiben wollen. Wer daher vom Bekenntniß abgeht, entweder durch seine Vernunft oder durch Autoritäten dazu verleitet, der wird eben dadurch der lutherischen Kirche untreu. Wenn wir also diesen Weg einschlagen, so kann Keiner sagen: Man schlage einen Weg ein, durch welchen er vergewaltigt werde; Niemand kann sagen, daß man die Sache in einer Art und Weise angreife, die einer Seite mehr günstig sei als der andern. Wenn wir mehr nicht thun als unser Bekenntniß lesen, wie es ex professo von der fraglichen Lehre handelt, so müssen wir uns verständigen; denn es ist Keiner unter uns, der nicht von ganzem Herzen die Concordienformel unterschreibt. Und wenn Einer nun sieht: So hat die lutherische Kirche seit 300 Jahren in ihrem öffentlichen Bekenntniß geredet; so wird er, wenn er davon abgewichen ist, bekennen: Ich habe die Sache nicht im rechten Lichte beschaut; und dann wird Gott Gnade geben, daß wir alle Alles im rechten Lichte betrachten und einig in der Wahrheit auseinandergehen. Laßt uns nur, so lange wir hier sitzen, zu Gott seufzen, daß er uns davor bewahre, daß Einer unbrüderlich gegen den Andern sich ausspreche. Und wenn es Einem passirt, daß er von seinem Fleisch überwunden wird, so müssen die Andern um so freundlicher sein. Und wenn Einem der Gedanke ins Herz kommen will: Das ist ein unredlicher Mensch, der spricht gegen seine Ueberzeugung, so muß solcher Gedanke gleich unterdrückt werden; denn es heißt: Denke Keiner kein Arges in seinem Herzen wider seinen Nächsten. Und Gott wird uns helfen! Er hat uns seit 30 Jahren die Gnade der Einigkeit des Glaubens gegeben, er wird sie uns in diesem Jubeljahr nicht wegnehmen, wenn wir sie nur nicht muthwillig verscherzen.

Während nun aber dieser Vorschlag von der Mehrzahl der Versammelten die freudigste Zustimmung erhielt, wurde dagegen geltend gemacht, daß doch vielleicht manche Brüder unbefriedigt bleiben würden, wenn man einfach den 11. Artikel der Concordienformel vornehme; deshalb nämlich, weil es sich bei diesem Streit um Ausdrücke handle, die von den streitenden Parteien gebraucht worden seien, die aber in diesem 11. Artikel der Concordienformel durchaus nicht gebraucht werden. Würde man also blos die Concordienformel vornehmen, mit welcher ja freilich beide Theile ihre Uebereinstimmung behaupten, so würden hie und da Sätze und Ausdrücke vergessen und übergangen, die von den Streitenden gebraucht worden seien und nothwendig einer näheren Erklärung bedürften.

Diesem Einwand wurde entgegen gehalten: Wenn wir nur erst einig geworden sind über den rechten Verstand der Concordienformel, so wird es eine Kleinigkeit sein, über jene Sätze und Ausdrücke das rechte Urtheil zu fällen, über die Art und Weise der beiderseitigen Darstellung ins Klare zu kommen; dann wird man gleich sehen, ob hier oder da gegen die klare Lehre des Bekenntnisses geredet worden ist oder nicht. Wenn wir nur erst darüber einig sind: Das ist lutherische Lehre, dann haben wir gewonnen. Und wenn wir einig sind über den Inhalt des Bekenntnisses und wir nehmens alle an, dann, glaube ich, sagte der Redner, würde es uns zuwider sein, noch lange über dieses und jenes zu disputiren. Der ist ein vollkommener Mann, der auch in keinem Worte fehlet, Jac. 3, 2. Wir wollen nicht um Worte zanken. Freilich, wenn man irrige Sätze aufgestellt hat, muß man sie zurücknehmen. Das muß geschehen. Wenn wir irgend einen Satz aufgestellt haben, der nicht mit dem Bekenntniß übereinstimmt, so müssen wir Buße thun. Das muß geschehen, sei es von uns oder von den lieben Opponenten. Wollten wir das nicht thun, dann dürften wir nur auch gleich aufhören, eine Synode zu sein, und Jeder könnte zu seiner Hütte zurückkehren und für sich glauben, was er will. Ich bin, so schloß der Redner Dr. Walther, durch Gottes Gnade so gesinnt: Kann ich überzeugt werden, daß ich im Irrthum bin, so will ich der Erste sein, der das Gesagte widerruft, verflucht und verdammt.

Es wurde hierauf noch weiter gegen den gemachten Vorschlag eingewendet: Wenn wir einfach den 11. Artikel der Concordienformel vornehmen, so ist die Gefahr nahe, daß wir zu viel Zeit verlieren, indem man, wie die Erfahrung einer Localconferenz zeigt, zu weitschweifig wird. Diese Localconferenz hat ein ganzes Jahr lang eben über jenen Artikel der Concordienformel verhandelt und nur etwa ein Drittel durchgenommen. Wenn also die gegenwärtige Allgemeine Pastoralconferenz denselben Weg einschlägt, so kommt sie in dieselbe Gefahr, zu viel Zeit mit Nebenfragen zu verlieren. Es sei daher viel empfehlenswerther, die obengenannten 12 Thesen unseren Verhandlungen zu Grunde zu legen. Aber, wurde darauf entgegnet, wenn wir abschweifen wollen, so können wir es bei den 12 Thesen ebensowohl thun, wie bei dem 11. Artikel der Concordienformel. Auch ist es Erfahrungsthatsache, daß man, wenn Thesen vorliegen, viel Zeit auf die Kritik der Wahl der einzelnen Ausdrücke verwendet, und wenn auf diese Weise viel Zeit verloren ist, muß man zu= letzt doch die Concordienformel hernehmen, da wir uns nothwendig über den rechten Verstand derselben einigen müssen. Also sei es weit besser, jenen Weg zu betreten, nämlich den 11. Artikel der Concordienformel vor= zunehmen. Freilich, wenn wir das thun, dürfen wir nicht so närrisch sein, daß wir uns bei einem Punkte aufhalten, in dem wir alle einig sind. Doch kann allerdings auch das möglich sein, daß wir einig sind in dem Verständ= niß einer Stelle, aber es weiß etwa der Gegner nicht, von welcher Wich= tigkeit der Verstand dieser Stelle ist für andere Stellen, denn das Concor= bienbuch muß durch sich selbst ausgelegt werden, wie die Schrift durch Schrift erklärt werden muß. Jeder ist sein eigener bester Ausleger. Denn wer sagen wollte, wir müssen die Concordienformel nach der Schrift aus= legen, der würde damit sagen: Man kann der Concordienformel nicht trauen, man muß sie erst nach der Schrift corrigiren.

Da offenbar aller Streit unter uns blos entstanden ist aus der ver= schiedenen Deutung der Concordienformel und Niemand unter uns ist, der nicht mit diesem Bekenntniß übereinstimmen will, so beschloß die All= gemeine Pastoralconferenz, den 11. Artikel der Concordienformel vorzu= nehmen und darüber zu verhandeln. Zugleich wurde Herr Pastor W. Achenbach beauftragt, die 24 ersten Paragraphen der Solida Declaratio der Concordienformel vorzulesen.

Nachdem Letzteres geschehen war, eröffnete Herr Dr. Walther die Lehrverhandlung, indem er § 1 und 2 nochmals vorlas. Diese Paragra= phen lauten wie folgt:

1. 2. „Wiewohl unter den Theologen Augsburgischer Con= fession noch gänzlich kein offentliche, ärgerliche und weitläuftige Zwiespaltung von der ewigen Wahl der Kinder Gottes fürgefallen, jedoch nachdem dieser Artikel an andern Oertern in ganz beschwer= liche Streit gezogen, und auch unter den Unsern etwas davon er= reget worden, dazu von den Theologen nicht allwegen gleiche Reden geführet: derhalben vermittelst göttlicher Gnaden auch künftiglich bei unsern Nachkommen, so viel an uns, Uneinigkeit und Trennung

in solchem fürzukommen, haben wir desselben Erklärung auch hieher setzen wollen, auf daß männiglich wissen möge, was auch von diesem Artikel unser einhellige Lehre, Glaub und Bekenntniß sei. Dann die Lehre von diesem Artikel, wann sie aus und nach dem Vorbilde des göttlichen Worts geführet, man nicht kann noch soll für unnütz oder unnöthig, viel weniger für ärgerlich oder schädlich halten, weil die heilige Schrift des Artikels nicht an einem Ort allein etwa ungefähr gedenket, sondern an vielen Oertern denselben gründlich handelt und treibet. So muß man auch um Mißbrauchs oder Mißverstandes willen die Lehre des göttlichen Worts nicht unterlassen oder verwerfen, sondern eben derhalben, allen Mißbrauch und Mißverstand abzuwenden, soll und muß der rechte Verstand aus Grund der Schrift erkläret werden, und stehet demnach die einfältige Summa und Inhalt der Lehre von diesem Artikel auf nachfolgenden Punkten:"

Dazu bemerkte Herr Dr. Walther Folgendes: Die beiden ersten Paragraphen enthalten nichts, was unter uns eine Frage sein könnte. Vielleicht wäre es aber gut, wenn wir insgesammt es bekennen, daß wir Gott danken, loben und preisen, daß er unsere rechtgläubigen Väter angetrieben hat, gerade um ihrer „Nachkommen" willen auch über diese Lehre sich auszusprechen. Denn sie sagen ausdrücklich: Während alle andern Artikel deswegen aufgestellt worden seien, weil ein Streit darüber in der lutherischen Kirche entstanden war, so hätten sie wegen der Gnadenwahl nicht nöthig gehabt, einen besondern Artikel zu stellen, denn darüber sei kein öffentlicher ärgerlicher Streit unter ihnen entstanden, sondern nur anderwärts. Sie meinen damit die Calvinisten. Und, sagen sie, es fange an, unter den Unsern ein wenig zu glimmen (gliscere), so daß, wenn ein falscher Geist hineinblasen würde, ein Feuer aufgehen könnte. Darum wollen sie sich darüber aussprechen. Wir danken also dem lieben Gott, daß unsere lieben Väter damals schon gewissermaßen an uns gedacht haben. Wir genießen jetzt nach 300 Jahren die große Gnade, ein solches Mittel zu haben, womit die Einigkeit unter uns auch in diesem Punkt wieder hergestellt werden kann. Denn ich zweifle keinen Augenblick daran, daß dies geschehen wird.

Wir brauchen bei diesen ersten beiden Paragraphen nicht stehen zu bleiben, weil wir darüber alle einig sind. Wir wollen ja nicht die Lehre von der Gnadenwahl gründlich nach allen Seiten hin erörtern; sondern wir sind zusammen gekommen, um die Wunden zu heilen, die uns der Teufel geschlagen hat. Darum wollen wir nur bei den Punkten stehen bleiben, wo eine Verschiedenheit der Lehre stattfindet.

Die Allgemeine Pastoralconferenz sprach hierauf insgesammt ihren Dank gegen Gott aus, der durch unsere lieben Väter dafür gesorgt hat, daß wir auch in diesem streitigen Artikel die rechte Lehre in unserm Bekenntniß bereits haben.

Nachdem die Conferenz somit erkannt hatte, daß eine Differenz über das Verständniß der beiden ersten Paragraphen nicht vorhanden sei, beschloß sie, die §§ 3—5 zusammen vorzunehmen, da dieselben sich zu einander verhalten wie Vorbersatz und Nachsatz. Diese Paragraphen lauten wie folgt:

3. 4. „Erstlich ist der Unterschied zwischen der ewigen Vorsehung Gottes und ewigen Wahl seiner Kinder zu der ewigen Seligkeit mit Fleiß zu merken. Dann praescientia vel praevisio, b. i., daß Gott alles vorher siehet und weiß, ehe es geschicht, welches man die Vorsehung Gottes nennet, gehet über alle Kreaturen, gut und bös, daß er nämlich alles zuvor siehet und weiß, was da ist oder da sein wird, was da geschicht oder geschehen wird, es sei gut oder bös, weil vor Gott alle Ding, sie sein vergangen oder zukünftig, unverborgen und gegenwärtig sein. Wie geschrieben stehet Matth. 10.: Kaufet man nicht zweene Sperling um einen Pfennig? noch fället derselben keiner auf die Erde, ohne euren Vater. Und Psalm 139.: Deine Augen sahen mich, da ich noch unbereitet war, und waren alle Tage auf dein Buch geschrieben, die noch werden sollten, und derselben keiner da war. Item Esai. 37.: Ich kenne deinen Auszug und Einzug und dein Toben wider mich.

5. „Die ewige Wahl Gottes aber vel praedestinatio, b. i., Gottes Verordnung zur Seligkeit, gehet nicht zumal über die Frommen und Bösen, sondern allein über die Kinder Gottes, die zum ewigen Leben erwählet und verordnet sind, ehe der Welt Grund geleget ward, wie Paulus spricht Eph. 1.: Er hat uns erwählet in Christo JEsu und verordnet zur Kindschaft."

Hierzu bemerkte Dr. Walther: Was den 3ten und 4ten Paragraphen betrifft, so sind wir wohl alle darin einig, daß das, was die heilige Schrift Wahl oder Erwählung nennt, nicht ein bloßes Vorherwissen von Seiten Gottes ist, nicht ein bloßes Voraussehen des Zukünftigen. Als Grund dafür wird von der Concordienformel angegeben: „Dann praescientia vel praevisio, das ist, daß Gott alles vorher siehet und weiß, ehe es geschicht, welches man die Vorsehung Gottes nennet, gehet über alle Kreaturen, gut und bös". Gott weiß ja alle Schicksale der Menschen voraus, der Frommen und Bösen, alles Einzelne weiß er aufs Haar. Aber die ewige Wahl Gottes ist nicht blos ein solches Vorherwissen; und da wird als Grund angegeben: Weil die Gnadenwahl „nur auf die Kinder Gottes geht, die zum ewigen Leben erwählet und verordnet sind, ehe der Welt Grund geleget ward." Ich kann es nun nicht anders erkennen, als daß hier aufs allerdeutlichste bewiesen ist, daß die Concordienformel nur von der sogenannten Wahl im engern Sinne redet. Denn sobald ich von einer Wahl im weitern Sinne rede, so ist es unmöglich zu sagen: sie beziehe sich „nicht zumal auf die Frommen und Bösen, sondern allein auf die Kinder Gottes, die zum ewigen Leben erwählet und verordnet sind, ehe der Welt Grund geleget ward". Das ist mein erster Grund, warum ich aufs innigste überzeugt bin: die Concordienformel rede von keiner andern als nur von der sogenannten Wahl im engern Sinn. Denn eine solche Wahl im weitern Sinn, wornach auch Solche, die nicht selig werden, darunter zu verstehen wären, wird gerade geleugnet in den angeführten Worten des Bekenntnisses. Ueberhaupt ist der Unterschied von einer zweifachen Wahl der Concordienformel ganz fremd. Es ist hier nur von Einer Gnadenwahl die Rede.

Professor Stellhorn erwiderte hierauf: Daß die Concordienformel nicht extra sage, daß das Wort „Gnadenwahl" in einem verschiedenen Sinne genommen werden könne, das könne nimmermehr ein Beweis dafür sein, daß dies nicht möglich sei und nicht vorgekommen sei. Und wenn man unterscheide zwischen Gnadenwahl im engern und weitern Sinn, so ergebe das noch lange nicht eine zweifache Gnadenwahl oder zweierlei Gnadenwahl. Vielmehr sei es so, wie wenn man von Buße im engern und weitern Sinn spreche. Das seien auch nicht zwei Bußen. Oder wie man von einer Heiligung im engern und weitern Sinn spreche. Das seien auch nicht zwei Heiligungen. Oder wie man von einem Preußen, Oesterreich, China im engern und weitern Sinn spreche. Das gebe auch nimmermehr zwei Preußen 2c. Ein solcher Einwand schlage also durchaus nicht durch. Aber ich meine, schließt Redner, es ist nicht fruchtbar, hier davon zu reden, wenn man nicht jene Stelle (§§ 13—24) hernimmt, wo ex professo der Begriff der Gnadenwahl entwickelt wird. Wir können ganz gut hier alles Gelesene (§ 3—5) zugeben; aber wir verstehen es natürlich etwas anders als der andere Theil.

Dr. Walther: Ich bin fest überzeugt, Sie leben in einer Täuschung. Sie können § 5 nun und nimmermehr unterschreiben, wenn Sie sagen: Es gibt eine Gnadenwahl im weitern und engern Sinn. Würden Sie diesen § 5 unterschreiben, dann könnten wir uns die Hand geben. Aber wenn Sie diesen Paragraphen unterschreiben, und Sie bleiben doch bei Ihrer Unterscheidung, so täuschen und irren Sie sich.

Pastor Allwardt: § 5 zeigt allerdings unwidersprechlich, daß hier von der Wahl der Kinder Gottes, die wirklich selig werden, die Rede ist; und soweit es die Personen betrifft, kann man unmöglich von einer Wahl im engern und weitern Sinn reden. Aber die Frage ist hier: Wenn hier von der Wahl geredet und hernach gesagt wird, die Wahl wirke dieses und jenes: ist da die Handlung des Wählens gemeint, wie die Dogmatiker das Wort gebraucht haben, oder ist alles Andere mitgemeint, was nöthig ist, um den Gnadenwahlsrathschluß hinauszuführen? Also: ist die Erlösung, Bekehrung u. s. w., ist das Alles mitgemeint? Nun, glaube ich, sind wir über diese Frage gar nicht weit auseinander; denn es ist in unsern Zeitschriften schon zugestanden worden, daß in §§ 13—24 eine vollständige Begriffsbestimmung von der Wahl angegeben werde, so daß also die Berufung, Bekehrung, Rechtfertigung u. s. w. mit in den Begriff der Wahl hineingehöre. Da wird nun die Schwierigkeit sein, ob diese andern Handlungen auch mitgemeint sind. Die acht Punkte (§§ 15—22) gehören mit hinein, sagen wir; und dann ist das nicht eine Wahl im engern Sinn, sondern es sind andere Handlungen mit einbegriffen, deren Resultat die Wahl im engern Sinne ist. Nun möchte ich, daß die Brüder uns nicht immer vorhalten, als ob wir zwei Wahlen lehrten. Es gibt nur Eine Wahl, das ist die der Kinder Gottes zum ewigen Leben; aber es gehört mehr dazu, sie selig zu machen, als die Bestimmung: Gott hat beschlossen, sie selig zu machen.

Prof. Stellhorn: Daß es eine Wahl im engern und weitern Sinne gibt, ist so alt als die Lehre von der Buße und Heiligung im weitern und engern Sinn; das ist, wenigstens 300 Jahre alt. Durch diese Unterscheidung soll nicht gesagt werden, daß die Wahl im engern Sinn etwas Anderes wäre als die Wahl im weitern Sinn. Wenn man den terminus im weitern Sinn nimmt, so habe ich immer das auch mit, was der terminus im engern Sinn meint. Wie wenn ich von China im weitern Sinn rede, so ist China im engern Sinn natürlich auch mit darunter begriffen. So ist, wenn ich von der Wahl im weitern Sinn rede, immer auch die Wahl im engern und engsten Sinn mit eingeschlossen. Handle ich von der Gnadenwahl im weitern Sinn, so muß ich den Beschluß mit hineinnehmen: Wer da glaubet bis ans Ende, der soll selig werden. Nehme ich nun also diesen Beschluß: Wer da glaubet 2c. und den andern von der Gnadenwahl im engsten Sinn, so bildet das die Gnadenwahl im weitern Sinn. Und nehme ich die Beschlüsse dazu, die in der Concordienformel vorhergehen, nämlich jene 8 Punkte; nehme ich diese Beschlüsse alle dazu zu jenem Beschluß, der die Gnadenwahl im engsten Sinn ausmacht, so ist dies die Gnadenwahl im weitesten Sinn. Und nach unsrer Ueberzeugung braucht die Concordienformel diesen Ausdruck im weitesten Sinn. Man muß die termini nehmen, wie sie sind. — Wenn ich alles kurz zusammenfasse, so sage ich mit den Dogmatikern: Die Gnadenwahl umfaßt zwei Theile. Der erste Theil ist die Festsetzung des allgemeinen Heilsweges: die ordinatio mediorum, oder praedestinatio mediorum. Der zweite Theil ist die particuläre Auswahl einzelner bestimmter Personen: die praedestinatio personarum oder praedestinatio electorum. Diese beiden Punkte zusammen bilden die Wahl im weitesten Sinn. Dies sage ich, um zu zeigen, daß ich § 5 mit gutem Gewissen unterschreibe. Damit sage ich aber nicht, daß die erste Bestimmung, die ordinatio mediorum, nicht auch über die auserwählten Kinder Gottes gehe; ich sage aber: Die ewige Wahl geht nicht über die Bösen nach ihrem zweiten Theil, sondern diese geht nur über die Frommen. Fragt man mich aber, wie ich diesen Paragraphen doch unterschreiben könne, so erinnere ich an die Lehre von Christi Person. Wir sagen da auch Vieles von der ganzen Person aus, sagen aber damit nicht, daß es auch von beiden Naturen gelte. Wie z. B.: Christus ist geboren von der Jungfrau Maria. Da will ich dies nicht aussagen von seiner göttlichen Natur, und doch sage ich es von der ganzen Person. Also nochmal: Ich sage: § 5 unterschreibe ich mit dem besten Gewissen, weil ich diese Unterscheidung mache, daß eine und dieselbe Gnadenwahl aus zwei Theilen bestehe: aus der ordinatio mediorum und der ordinatio electorum. Die Concordienformel redet hier nur von der Gnadenwahl, nicht von verschiedenen Gnadenwahlen.

Dr. Walther: Es hilft nichts, Sie kommen aus diesem Paragraphen in alle Ewigkeit nicht heraus. Es ist eine reine Täuschung. Wenn die Concordienformel von der Gnadenwahl redet, welche „nicht zumal über die Frommen und Bösen, sondern allein über die Kinder Gottes, die zum ewigen Leben erwählet und verordnet sind, gehet", so können Sie das nicht unterschreiben, oder Sie müssen Ihre ganze Deduction fahren lassen. Sie sagen: Man könne es in der Lehre von der Person Christi auch so machen. Aber von diesem großen Geheimniß der Vereinigung der Gottheit und Menschheit darf man durchaus keine Schlüsse machen auf andere Verhältnisse. Und das ist nicht wahr, daß vor der Concordienformel dieser Unterschied gemacht worden ist zwischen einer Gnadenwahl im weitern und engern Sinn. Wohl aber machte unser lieber Luther schon 1529 den Unterschied zwischen Heiligung im engern und weitern Sinn. Aber darauf kommt nichts an, ob die Dogmatiker diesen Unterschied gemacht haben. Diese reden nicht von der Gnadenwahl, von der die Concordienformel redet, sondern sie reden von einem ganz andern Ding. Ich bin überzeugt: wenn Sie nur erst einsehen, daß hier nur von der Wahl der Kinder Gottes, die wirklich selig werden, gehandelt wird, so werden Sie der Wahrheit zufallen, und dann stehen wir wieder zusammen. Sehen Sie sich's nur genauer an; ich müßte meine Vernunft verleugnen, ja, daß ich überhaupt nur Deutsch verstehe, wenn ich nicht sehen wollte, daß hier von der Gnadenwahl im engern Sinn die Rede ist. Und dies geht durch die ganze Concordienformel hindurch.

Hier fragte Redner den Herrn Opponenten (Past. Allwardt): Ob er glaube, daß auch Solche, die verloren gehen, unter die Wahl gehören? und erhielt die Antwort: Zwar insofern, als sie Menschen sind, die selig werden sollen; aber nicht insofern sie Verdammte sind. Dr. Walther erklärte darauf, daß es sehr erfreulich sei, daß er das Letztere zugebe; aber im Andern täusche er sich noch.

Pastor Allwardt: Darin sind wir einig, daß in § 5. gesagt ist: Die Wahl gehe nur über die Leute, welche wirklich selig werden. Aber diese Leute müssen eben erlöst, berufen u. s. w. sein. Und das ist alles ganz allein Gottes Werk, ebenso wie die Wahl. Diese Leute müssen von Anfang bis zu Ende in Gottes Hand liegen, Gott muß sie heben und tragen.

Und wenn die Concordienformel das Wort „Wahl" gebraucht, so schließt sie dieses mit ein. Darum besteht die Differenz zwischen uns nur darin: ob die Bestimmung der Mittel (ordinatio mediorum) aus der Bestimmung der Personen (ordinatio personarum), oder umgekehrt: die Bestimmung der Personen aus der Bestimmung der Mittel fließe.

Dr. Walther: Das ists gerade, was wir behaupten. Sie leugnen, daß die Gnadenwahl zugleich eine Bestimmung ist, mich zu berufen u. s. w. (was in den 8 Punkten steht). Das gehört Alles hinein; aber das will man nicht; sondern man will es so haben: Der Mensch mag sehen, wie er fromm wird, und dann spricht der liebe Gott: Nun bist du erwählt.

Hierauf wurde die Sitzung vertagt mit dem von Moderator gesprochenen Gebet des HErrn. J. Fackler, Secr.

Zweite Sitzung.

Mittwoch Nachmittag, den 29. September.

Nach Eröffnung der Sitzung wurde die durch die Mittagsstunde unterbrochene Besprechung wieder aufgenommen.

Pastor Brauer sagte, indem er sich zurückbezog auf das, was von der Wahl im weiteren, engeren und engsten Sinne gesagt war: Davon weiß die Concordienformel nichts. § 5 wird gesagt, was die Wahl sei. Es ist nicht die Rede von einer Wahl in diesem oder jenem Sinne. Wer jene Unterscheidung macht, muß auch, indem er die Concordienformel unterschreibt, sagen, daß er so unterscheide. Er glaubt nicht den Wortverstand der Concordienformel. Er glossirt.

Pastor Hochstetter: Der Begriff der Wahl kann sich nicht mit allen Menschen decken, wenn man nicht die Begriffe verwechseln will. Man sehe nur die Concordienformel an. Sie redet nicht von einer allgemeinen Verordnung Gottes, sondern von den Personen im Concreten. Darin ist sie consequent. Sie nimmt immer Bezug auf die Personen.

Prof. Stellhorn: Der Unterschied zwischen Gnadenwahl im weiteren und engeren Sinn ist einmal da. Es gibt einen solchen. Man redet so. Es fragt sich nur: In welchem Sinn redet die Concordienformel von der Gnadenwahl? Da nun einmal so von der Gnadenwahl geredet wird, so muß ich, wenn ich die Concordienformel vor mir habe, zusehen, in welchem Sinne sie von der Gnadenwahl redet. Man redet ja auch von der Buße und Heiligung in zwiefachem Sinne, im weiteren und engeren. Wie man da, wo dieses Wort vorkommt, untersuchen muß, in welchem Sinne es zu nehmen ist, so ist es auch hier. Und die Concordienformel sagt selbst, in welchem Sinne sie das Wort Gnadenwahl versteht. Sie sagt dieses ganz deutlich in dem, was §§ 13—24 enthalten ist. Hier wird gelehrt, wie § 23 zusammenfassend ausweis't, daß der Rath, Fürsatz und die Verordnung Gottes allerdings auch bestehe in der Bereitung der Seligkeit ingemein; aber freilich nicht blos darin, sondern auch in der Auswahl bestimmter Personen, die gewiß selig werden. Die bekannten 8 Punkte geben erst die Mittel der Seligkeit an, dann geben sie die Personen an, die Gott auf diesem allgemeinen Heilsweg in den Himmel führen will.

Dr. Walther: Was von der ordinatio mediorum (von der Verordnung der Heilsmittel) gesagt ist, gehört nicht hierher. Man sehe nur § 5 an. Hier legt die Concordienformel den Grund zur Lehre von der Gnadenwahl. Sie sagt von der Wahl, daß sie nur gehe über die auserwählten Kinder Gottes. Was gibt also den Opponenten das Recht, ihre Ansicht in diesen Paragraphen hineinzulegen? Hat man früher gesagt, man könnte z. B. von Oesterreich im weiteren und engeren Sinne reden, so ist das ja wahr; aber wenn gesagt wird: Zu Oesterreich gehören nur die Deutschen, so ist von dem engeren Reich die Rede. So kann man ja auch von der Gnadenwahl im weiteren und engeren Sinne reden, ja, wir müssen es unter Umständen thun; aber da die Concordienformel sagt, die ewige Wahl Gottes gehe allein über die Kinder Gottes, so redet sie nur von der Gnadenwahl im engeren Sinne, wenn sie von der Gnadenwahl redet.

Pastor Fick: Auch die heilige Schrift enthält keine einzige Stelle, die man so auffassen müßte, als ob darin von einer Wahl im weiteren und engeren Sinne geredet würde. Sie redet immer von der Wahl im sogenannten engsten Sinne, in Bezug auf gewisse Personen.

Pastor Allwardt: §§ 3—8 geben offenbar nicht eine Definition der Wahl. Hier werden nur die zwei Worte praescientia und praedestinatio mit einander verglichen und zwar wird der Vergleich nach zwei Seiten hin geführt: 1) nach den Personen; 2) nach den Sachen. Auch Chemnitz spricht sich dahin aus, daß zum decretum electionis das decretum redemptionis gehöre.

Prof. Stellhorn: Was die Concordienformel unter der Wahl versteht, kann man nur aus dem Theil ersehen, der ex professo angeben will, was darunter zu verstehen ist. Dieses geschieht eben §§ 13—24. Man muß nicht von § 5 ausgehen und darnach eine Definition geben, sondern bei § 13 anfangen. Warum soll man unter dem Wort „Wahl" nicht auch die ordinatio mediorum mit verstehen können, da man doch auch sonst synekdochisch das Ganze nur nach einem Theil benennt? Die Concordienformel selbst sagt, daß auch die ordinatio mediorum in der Gnadenwahl mitbegriffen sei. — Sie sagt § 24: „Dieses alles wird nach der Schrift in der Lehre von" ꝛc. Hier kann doch nicht die Gnadenwahl im engsten Sinne gemeint sein. Das bezieht sich doch offenbar zurück auf § 15 und die übrigen. Es heißt ausdrücklich in § 24 „begriffen", nicht: Das muß man auch berücksichtigen. Weiter unten wird gesagt: „Verordnung Gottes zur Seligkeit". Vergl. hierzu § 23: „Und hat Gott in solchem

seinem Rath" ꝛc., nämlich in dem Rath, der gleichbedeutend ist mit Gnaden=
wahl im Sinne der Concordienformel. Also hat er auch in diesem seinem
Rath die Seligkeit bereitet. Und folglich gehört diese Bereitung der Se=
ligkeit als erstes Stück zur Gnadenwahl; aber freilich, es gehört nicht allein
dazu. Chemnitz beschreibt ja in seinem „Examen" die Gnadenwahl so,
daß er als summa die bekannten vier Decrete anführt. Er sagt kein
Wort von bestimmten Personen, von der particulären Auswahl bestimmter
Personen. — An einer anderen Stelle werden diese acht Punkte genannt
und dann gesagt: Dieses alles muß unter der Gnadenwahl verstanden
werden. Die Personen werden allerdings auch genannt; aber erst an
zweiter Stelle. Wir sehen also: Die ordinatio mediorum bildet den
Haupttheil der Wahl im Sinne der Concordienformel. § 5 zeigt nicht,
was die Concordienformel unter der Gnadenwahl versteht. Er zeigt nur,
wie weit sie sich erstreckt. § 8 redet dann von der Wahl Gottes als der Ur=
sache unserer Seligkeit. § 9 lehrt, daß man die ewige Wahl nicht in dem
heimlichen Rath Gottes erforschen solle; denn ein solches Verfahren führe
auf verkehrte Gedanken. Dann folgen die §§ 10, 11, 12, die da anzeigen,
was daraus folgt, wenn man die Wahl im heimlichen Rath Gottes erfor=
schen will. Endlich wird in § 13 ex professo gesagt, was unter der Gna=
denwahl zu verstehen ist. Es ergibt sich dieses aus den Worten: „Wenn
man mit Frucht reden will von der Gnadenwahl, so muß man die ganze
Lehre von dem Fürsatz u. s. w. zusammenfassen", wie denn in den acht
Punkten geschieht, die da schließen mit den Worten: „Dieses Alles" ꝛc.

Dr. Walther: Dieses stimmt nicht mit § 5, der da sagt, die Wahl
gehe allein über die frommen Kinder Gottes. Und da es hiermit nicht
stimmt, so können wir es nicht anerkennen. Sodann ist es nicht so, daß
der erste und Haupttheil der Gnadenwahl im Sinne der Concordien=
formel die ordinatio mediorum sei. Das Gegentheil ist der Fall. Nach=
dem die acht Punkte aufgezählt worden sind, heißt es im lateinischen Text:
„Et quidem" etc. Wenn man etwas dargestellt hat und sagt dann:
„Und zwar", so will man sagen: Das wäre falsch verstanden, wenn
man das nicht hinzunähme. Z. B. wenn man sagt: Unsere vacanten Ge=
meinden müssen Prediger haben, und setzt hinzu: „und zwar" recht=
gläubige, so will man sagen: Nicht das ist die Hauptsache, daß sie Prediger
bekommen — es gibt ja viele Bauchpfaffen, die den Gemeinden nur scha=
den —, sondern das, daß sie rechtgläubige Prediger bekommen. So sagt
hier die Concordienformel: Freilich will Gott die Menschen auf diesem
Weg zur Seligkeit führen; aber hier ist die Hauptsache, daß Gott seine
Auserwählten auf diesem Weg in den Himmel bringen will. Denn
im lateinischen Text wird zu dem Wort „Seligkeit" „suorum" hinzugesetzt.
In den acht Punkten wird also davon gehandelt, was Gott an den Sei=
nen thun will. — Chemnitz hat gute Ursache gehabt, so von der Gnaden=
wahl zu reden, wie oben angegeben. Die Sache ist so. In seinem

„Examen" kommt er auch auf die Lehre der Papisten, daß Einer seiner Seligkeit nicht gewiß sein kann. Das widerlegt Chemnitz. Hierbei kommt er auf den Einwand: Darum wenigstens könne man seiner Seligkeit nicht gewiß sein, weil es eine ewige geheimnißvolle Wahl gebe, und zeigt nun an gewissen Punkten in der Lehre von der Gnadenwahl, daß diese gar nicht die Gewißheit der Seligkeit hindere. — Wir müssen einfältig bei der Concordienformel bleiben. Wir dürfen uns von der Concordienformel auch nicht durch die Auseinandersetzungen der späteren Theologen abbringen lassen, die keine Ketzer sind, deren Auseinandersetzungen aber kein Commentar zur Concordienformel sind.

Rector Schick: Es muß mit allem Ernst darauf hingewiesen werden, daß man doch ja die Begriffe nicht mit einander verwechsele. Denn etwas anderes ist die Wahl, etwas anderes das, worauf die Wahl sich gründet, und etwas anderes die Art und Weise, wie Gott seine Auserwählten zu dem ihnen bestimmten Ziele führen will.

Pastor Große: Wäre die Unterscheidung der Wahl in eine weitere und engere richtig, so müßte man sagen, daß auch die Zeitgläubigen erwählt seien, was doch gewiß Niemand behaupten wird.

Dr. Walther: Eine Synekdoche, wie vorhin gesagt wurde, kann man hier nicht annehmen. Eine Synekdoche ist rein unmöglich, wo das Wörtlein „nur" vorkommt. Ich kann wohl etwas von einer Sache aussagen, was nur von einem Theil der Sache gilt. Sobald ich aber das Wörtlein „nur" gebrauche, so ist es aus mit der Synekdoche. Ich kann z. B. sagen: Hier ist ein Weizenfeld, trotzdem, daß da auch Unkraut steht. Ich kann dann aber nicht sagen: Hier ist nur Weizen. Wenn man die acht Punkte genau betrachtet, so ergibt sich doch dieses: Nr. 1. gibt den Grund an, worauf die Wahl ruht. Nr. 2. ff. zeigen den Weg, auf dem die Auserwählten des erworbenen Heils theilhaftig werden. Der Grund der Wahl ist die durch Christum vollendete und bereits geschehene Versöhnung, weil wir eben in Christo erwählt sind, weshalb auch hiervon in der Vergangenheit geredet wird. Es heißt Punkt 1.: „versöhnet sei", „verdienet habe." Und nun kommt nichts vor von denen, die verloren gehen, sondern es wird geredet von denen, die die Seligkeit erlangen. Darum heißt es sogar im 8. Punkt: „Daß er endlich dieselbigen" ꝛc. Ja, weiter unten stehen die Worte: „Und hat Gott . . . auch verordnet, daß er sie auf die Weise, wie jetzt gemeldet, . . . erhalten wolle."

Prof. Crämer: In den acht Punkten wird somit gesagt: Gott führet hinaus, was er über die Auserwählten beschlossen hat. Und damit ist auch ausgeschlossen die Unterscheidung der Prädestination in eine weitere und engere. Es ist immer Eine und dieselbe Wahl, von der die Concordienformel redet.

Prof. Stellhorn: Das rechte Verständniß dessen, was die Concordienformel von der Gnadenwahl lehrt, kann man, ich wiederhole es, nur aus den Stellen sich verschaffen, wo sie angibt, was sie darunter verstehe. Nun sagt sie ausdrücklich § 24: „Dieses alles wird ... begriffen" ꝛc. Hiernach ist auch § 5 zu verstehen. Wenn ich jene ausführliche Begriffs= bestimmung, die §§ 13—24 gegeben ist, nehme und von derselben ausgehe, so sehe ich daraus, wie die Worte § 5: „gehet über" (lateinisch: „pertinet ad") zu verstehen sind. Wir reden auch von einer und derselben Prädesti= nation; aber diese hat zwei Objecte nach der Concordienformel: ein säch= liches, wozu die media salutis gehören, und ein persönliches. § 5 ist die Rede von dem directen persönlichen Object der Prädestination, §§ 13—24 von dem directen sächlichen Object. Das „und zwar" in § 23 soll eine nähere Erklärung geben. Es soll zeigen, daß das erste und Hauptstück der Wahl im Sinne der Concordienformel die ordinatio mediorum sei. Zu be= merken ist hier auch, daß nicht der lateinische, sondern der deutsche Text der ursprüngliche ist. Wenn es nun im Deutschen heißt: „nicht allein ingemein die Seligkeit bereitet", so kann man darin nicht die Bestimmung finden, daß blos von der Bereitung der Seligkeit der Auserwählten die Rede sei. Da ist der Heilsweg für Alle bestimmt. Man ersieht dieses auch aus den Sprüchen, die später folgen § 65. Dort wird gesagt, daß in diesen Sprüchen die ewige Wahl Gottes in Christo geoffenbart sei. Und diese Sprüche, z. B.: „Also hat Gott die Welt geliebet" ꝛc., enthalten nichts anderes als den allgemeinen Heilsweg. Ist nun demnach die Offenbarung des allge= meinen Heilsweges die Offenbarung der ewigen Wahl Gottes in Christo, so muß die Wahl selbst als Act Gottes, wenn auch nicht ausschließlich, so doch dem Haupttheil nach, bestehen in der Festsetzung und Bestimmung des all= gemeinen Heilswegs oder in dem, was jene acht Punkte angeben (S. 707. §§ 15—22) und was in § 23 bezeichnet und zusammengefaßt wird in den Worten: „ingemein die Seligkeit bereitet". Man kann hier ganz gut, wie Chemnitz im „Enchiridion" gethan hat, die reprobatio mit hineinnehmen, wie § 40 zeigt. Siehe besonders den lateinischen Text: „ita in eodem suo consilio" etc. — Was die Zeitgläubigen betrifft, so ist zu wissen: Die Concordienformel unterscheidet einen geoffenbarten Theil der Wahl und einen nicht geoffenbarten. Der geoffenbarte Theil ist die ordinatio medio= rum, der nicht geoffenbarte die Auswahl der Personen. Uns geht nur der erste Theil etwas an. Um den zweiten sollen wir uns nicht kümmern. Geht uns nur der erste Theil an, so müssen nach der Concordienformel für uns Menschen die Auserwählten die sein, die auf dem Heilsweg sind, die Gläubigen. Indem nun auch die Zeitgläubigen, so lange sie eben glau= ben, auf dem Heilsweg sind, so haben wir Menschen sie zu den Aus= erwählten zu rechnen. Es gibt ja auch überhaupt keine unfehlbare Gewiß= heit der Wahl. Ob ich auch noch im strengeren Sinne erwählt bin, weiß ich nicht. Das soll ich glauben und hoffen.

Pastor Weseloh: Man legt zu viel Nachdruck darauf, daß die ordi= natio mediorum der Haupttheil der Gnadenwahl sei. Wenn dieses der

Fall wäre, so würde in der Epitome, wo die acht Punkte nicht angegeben sind, das wichtigste Stück der Gnadenwahl weggelassen sein!

Pastor Brömer: Es ist kein Grund vorhanden, das „suorum" in § 23 so hervorzuheben, wie oben geschehen ist. Der lateinische Text der Concordienformel erklärt nur den deutschen. Wenn aber jenes Wörtlein so wichtig wäre, so wäre es ein bedeutender Mangel, daß es im Deutschen weggelassen ist.

Ein (dem Secretär) Unbekannter: Die Opponenten unterscheiden nicht zwischen einer Sache und der Art und Weise, wie sie geoffenbart wird. Etwas anderes ist die Wahl, etwas anderes, wie die Wahl geoffenbart wird. Wenn ich vom Geist des Menschen rede, so muß ich sagen: Er offenbart sich durch den Leib, durch die Rede. Dennoch ist der Leib nicht ein Stück des Geistes. Wenn ich von Gott sage: Er offenbart sich durch das Wort, so soll das nicht heißen, daß das Wort ein Stück von Gott sei. So will die Concordienformel unterscheiden zwischen dem heimlichen Rathschluß Gottes und dem Mittel, wodurch sich dieser Rathschluß offenbart. Und da führt die Concordienformel an, daß Gott diesen geheimen Rathschluß offenbart, wie in den acht Punkten angegeben.

Dr. Walther: Das „suorum" ist nicht unwichtig. Man hat bei der Uebersetzung gedacht, es könnte Leute geben, wie jetzt. Es ist um unserer Opponenten willen hineingesetzt. Diesen ist so durch Gottes gnädige Fügung ein Riegel vorgeschoben. Man kann jetzt nicht sagen: Die acht Punkte reden von den Sachen im Gegensatz zu den Personen, von denen im Folgenden die Rede ist. Man muß vielmehr sagen: In den acht Punkten ist ebensowohl von den Personen wie im Folgenden von den Sachen geredet. — Was die Offenbarung des heimlichen Rathschlusses Gottes anlangt, von der die Concordienformel redet, so ist die Rede davon, ob es mir geoffenbart ist. Mir kann es nur geoffenbart werden, wenn ich in das Evangelium hineingehe. Da kann ich hinterdrein erkennen, daß ich einer von den Auserwählten bin. Wenn ich weiß: Ich glaube an Christum, dann soll ich auch glauben: Ich bin auserwählt. Nur auf diese Weise will Gott es mir offenbaren; denn Christus allein ist das Buch des Lebens. — Die reprobatio kann man allerdings auch berücksichtigen, wenn von der Gnadenwahl gehandelt wird. Sie kommt auch in der Concordienformel vor. Aber hier ist es wichtig, daß sie weggelassen ist. Das ist geschehen aus dem Grund, damit wir, wenn wir die acht Punkte lesen, nur an die Auserwählten denken. — Es ist bedenklich, wenn so von den Zeitgläubigen geredet wird, wie vorhin geschehen ist. Kein einziger rechtgläubiger Theolog hat behauptet, die Zeitgläubigen seien auch auserwählt.

Pastor Allwardt: Ich muß auf das Folgende hinweisen. § 13 wird gesagt, wenn man von der ewigen Wahl ?c. reden will, soll man nicht speculiren von der verborgenen Vorsehung Gottes. Es gibt also eine solche unausforschliche Vorsehung. Wir können aber nicht davon reden, sondern wir sollen uns gewöhnen, so davon zu reden, wie sie durch das Wort geoffenbart ist. Da werden wir in das Evangelium gewiesen. Wenn Jemand z. B. in der Anfechtung fragt: Bin ich erwählt? so soll ich ihm sagen: Davon können wir jetzt nicht reden. Ich muß von der Erlösung mit ihm reden. Ich kann ihm nachweisen, daß er erlös't ist. Dann muß ich auf die Mittel zum Glauben kommen: das Evangelium und die Sacramente. Ich kann ihm nicht sagen, er sei besonders berufen. Ich muß ihn an die allgemeine Berufung weisen, gerade die Allgemeinheit derselben recht hervorheben. So will die Concordienformel mir sagen: Wollen wir von der Wahl reden, so müssen wir reden von dem Fürsatz, Rath, Willen u. s. w. Dieses aber bezieht sich nicht auf die Auserwählten allein, sondern auf das menschliche Geschlecht. Nun kommen die acht Punkte, von denen der erste gerade so Gottes Rath hervorhebt, wie die andern alle. Daraus wird klar, daß in dem Vorsatz und Rath Gottes auch der Beschluß der Erlösung zu suchen ist.

Pastor Fick: In Betreff der oben gegebenen Definition der Gnadenwahl, als ob sie die Verordnung der Mittel und die Prädestination der Personen sei, ist darauf hinzuweisen, daß keine Stelle in der Concordienformel eine solche Definition zuläßt. §§ 13. 14 soll nur gesagt werden, wie die Lehre von der Gnadenwahl fruchtbar getrieben werden soll, nämlich so, daß alle diese Stücke, wie in den acht Punkten, gepredigt werden sollen. Damit aber ist keineswegs gesagt, daß damit ein neuer Theil der Prädestination definirt werden soll, nämlich die Verordnung der Mittel. —

Nachdem hierauf noch beschlossen war, daß Herr Pastor Groß von Buffalo am nächsten Morgen eine genaue Formulirung des Standes der bisher verhandelten Sache geben möge, vertagte sich die Conferenz mit dem Gebet des HErrn. J. G. Nützel, Secretär.

Dritte Sitzung.

Donnerstag Vormittag, den 30. September.

Nach Verlesung und Annahme des ausführlichen Protokolls der ersten Sitzung wurde Herr P. Achenbach zum Kaplan und Herr P. D. Hanser zum zweiten Vorsitzenden erwählt. Hierauf legte Herr P. Groß die von ihm erbetene kurze Dar= und Gegenüberstellung des beiderseitigen Standpunktes in Betreff des § 5 des 11. Artikels der Concordienformel vor.

Obwohl sich nun die Meisten zu dem ersten Theil dieser Zusammenfassung als zu einer richtigen Darstellung ihrer Ueberzeugung bekannten, so stellte sich doch, als man zur Besprechung über den zweiten Theil der Zusammenfassung übergehen wollte, heraus, daß von einer großen Anzahl Brüder von beiden Seiten solche Erklärungen für verfrüht gehalten wurden, und durch Zurückziehung der Erklärung von der einen Seite wurde die angebotene Erklärung von der andern Seite überflüssig gemacht. Vertagt mit dem Gebet des HErrn. A. Krafft, Secr.

Vierte Sitzung.

Donnerstag Nachmittag, den 30. September.

Die vierte Sitzung wurde mit liturgischem Gottesdienst eröffnet. Nachdem das Protokoll der zweiten Sitzung verlesen und mit der nöthigen Correctur angenommen war, wurde die Frage gestellt, ob man nicht zu allererst bestimmt ausmachen solle, wovon wir nun reden wollen. In der vorausgegangenen Verhandlung sei man schon über den § 5, bei dem wir eigentlich noch stehen, weit hinausgegangen, indem die §§ 20—22 hinzugenommen worden seien. Da wir nun doch schon auf den Abschnitt §§ 13—24 gekommen seien, so wäre es am besten, wir führen von da aus mit unserer Besprechung weiter. Wir könnten den § 5 in suspenso lassen, wenn zuvor erklärt würde, daß wir alle darin einig seien, daß derselbe nicht von einer zweitheiligen Wahl, sondern von der Wahl im engeren Sinne, also von keiner andern Wahl als der der Kinder Gottes, handele. Später könne man dann auf diesen Punkt wieder zurück kommen.

Diesem Antrag wurde entgegen gehalten, daß derselbe nicht mit dem von der Conferenz angenommenen Gang, den 11. Artikel Stück für Stück durchzulesen, übereinstimme, sondern uns von der eigentlichen Sache, darum es sich handele, abbringe. Man solle nicht eher über den § 5 hinausgehen, als bis auch die Opponenten bekennen, daß die Gnadenwahl allein über die Kinder Gottes gehe, und daß alle Andern, die nicht selig werden, von dieser Wahl ausgeschlossen sind.

Von der andern Seite wurde gesagt, es sei zu verwundern, daß immer wieder gefordert werde, sie sollten erklären, wie sie zu diesem § 5 stehen. Sie bekennten sich zu dem, was darin ausgesprochen sei, daß nämlich diese Worte von der particulären Wahl handeln, und wurde dabei nochmals wiederholt, daß nach ihrer Ueberzeugung die Concordienformel nicht nur den einen Vergleich, sondern auch den andern, wie schon protokollirt, hervorhebe.

Darauf wurde gesagt (Prof. Lange): Die Stellung der Opponenten wäre demnach diese: Der § 5 sei nicht richtig zu verstehen, wenn man nicht hinzufüge, was in andern Paragraphen enthalten ist. Weil wir den § 5 lassen, wie er lautet, ohne ihn durch nachfolgende zu erklären, so hätten wir, nach ihrem Urtheil, nicht die richtige Auffassung desselben. Daß wir immer darauf bestehen, daß eine deutliche Erklärung über diesen Punkt gegeben werde, hat seinen Grund darin, daß wir so schwer verstehen können, was die opponirenden Brüder uns über die Wahl mittheilen. Es wird einmal gesagt, die Gnadenwahl sei hauptsächlich die Verordnung der Gnadenmittel, welche für alle Menschen bestimmt seien. Das sei die Wahl im weiteren Sinne. Dann wird gesagt: Die Wahl umfasse die Personen, die selig werden. Das sei die Wahl im engeren Sinn. Das sind nun offenbar zwei verschiedene Wahlen. Wenn zwei Begriffe einen verschiede=

nen Sinn haben, so ist das ein Zeichen, daß von zwei verschiedenen Dingen die Rede ist. Die Wahl im engeren Sinn ist nicht die Wahl im weiteren Sinn und die Wahl im weiteren Sinn ist nicht die im engeren Sinn. Und dennoch sollen diese zwei Wahlen nicht zwei sein, sondern nur eine, deren Theile sie nur bilden. Der erste Theil habe nur Sachen, der zweite Theil nur Personen zum Gegenstand. Soweit steht freilich ihrer Vereinigung zu einem Begriff nichts im Wege, wenn nämlich die Sachen des ersten Theils nur von den Personen des zweiten Theils in dem Einen Begriff ausgesagt werden sollen. Nun führt man aber als die ben Sachen des ersten Theils zukommenden Personen das ganze menschliche Geschlecht in diesen Theil ein und nennt ihn die weitere Gnadenwahl, weil sie auch die Personen des zweiten Theils schon in sich begreife. Trotzdem fügen sie den zweiten Theil als einen besonderen dem ersten an, obwohl er schon durch den ersten Theil in den Begriff geführt worden ist; so daß also der eine Begriff bald nur aus einem Theil, dem ersten, besteht, also gar nicht aus Theilen, sondern der sogenannte erste ist die Gnadenwahl selbst; bald soll wieder dieser erste Theil nicht die Gnadenwahl selbst sein, sondern nur ein Theil, zu welchem der sogenannte zweite Theil hinzugefügt werden muß. Nun sollten die Brüder doch Folgendes bedenken. Wenn sie uns eine Sache, die die göttliche Lehre betrifft, vorlegen, damit wir sie als göttliche Wahrheit anerkennen, so müssen sie dieselbe auch in einer solchen Form vorlegen, daß wir sie verstehen. Der göttlichen Offenbarung gegenüber nehmen wir die Vernunft gefangen unter den Gehorsam Christi; aber wir können uns mit keiner menschlichen Erklärung befriedigen, in welcher die allgemein anerkannten logischen Gesetze bei Seite geschoben werden. Es ist auffallend, daß die Opponenten, wenn sie anfangen, die Concordienformel zu erklären, so künstlich verfahren, daß man nicht dahinter kommen kann, was sie sagen wollen. Sollte denn die Concordienformel confus geschrieben sein, daß man die einzelnen Sätze nicht verstehen kann, ohne immer erst weit vorauszugreifen? Eine nothwendige Eigenschaft eines Buches ist doch diese, daß es darauf Anspruch machen kann, daß das Vorausgehende das Nachfolgende erklärt, und nicht umgekehrt, daß man erst weiter lesen muß, um das Voranstehende verstehen zu können. Nur ein Confusionsrath verfährt so, daß er eine Sache recht undeutlich darstellt und denkt: Später kann ich es deutlicher sagen! — Unsere Concordienformel hat wohl ihre Ursache gehabt, warum sie das in § 5 Enthaltene zuerst gesetzt hat und sodann fortfährt — nicht erst eine Definition, sondern eine ausführliche Beschreibung der Gnadenwahl zu geben: das Principium hat sie vorangestellt (und das ist das Wichtige, daß dies Principium, diese grundlegende Wahrheit, vorangestellt worden ist) und dann hat sie die weitere Darstellung darauf gebaut.

Seitens des Gegentheils wurde hierauf erwidert, es thue ihnen von Herzen leid, wenn sie nicht so geredet hätten, daß man sie verstehen könne; sie wollten auch annehmen, daß die Schuld an ihnen liege; doch seien sie der Meinung, daß sie deutlich genug und unmißverständlich geredet hätten. Es sei ihnen unbegreiflich, wie man meinen könne, sie hielten die Verordnung der Mittel (ordinatio mediorum) für die Präbestination im Allgemeinen. Daneben verwiesen sie auch auf die betreffenden Synodalberichte und die Publicationen der Synode, darin gesagt sei, daß die oft beregten 8 Punkte in der Concordienformel nicht angeben, was mit zur Wahl gehöre, und doch sei auf Seiten der Vertreter der angegriffenen Lehre von dem Einen behauptet worden, dieselben (8 Punkte) enthielten die Beschreibung und genaue Begriffsbestimmung der Gnadenwahl, während der Andere wieder dieser Aussage widerspreche. Hieran knüpfte sich eine nochmalige Darlegung der Lehre von der Gnadenwahl im weiteren und engeren Sinn, wie sie sich in vorausgehenden Protokollen aufgezeichnet findet.

Mit Bezugnahme auf die betreffende Aeußerung wurde erwidert: Wenn darauf hingewiesen wurde, daß nicht allein auf Seiten unserer Opponenten verschieden klingende Definitionen gegeben worden, sondern auch in unsern Publicationen solche zu finden seien, als z. B., daß die 8 Sätze zur Wahl gehörten und daß sie nicht dazu gehörten, so muß man sich wundern, daß sonst scharfsinnige Leute nicht (so zu sagen) mit halbem Auge sehen, was so kinderleicht zu erkennen ist. Wenn es heißt: Sie gehören nicht dazu, so ist die stricte Definition der Wahl gemeint. Wird gesagt: Sie gehören dazu, so ist von der ausführlichen Beschreibung der Gnadenwahl die Rede. — Sodann wundert man sich, daß wir bei § 5 eine genaue Erklärung des Begriffs „Wahl" zu hören begehren. Aber es sei den lieben Brüdern zu bedenken gegeben, daß wir daran ganz unschuldig sind, wenn wir immer wieder auf den § 5 zurückkommen müssen, weil es nach ihrer Darstellung so herauskommen muß, als ob in § 8 in einem ganz andern Sinn als in § 5 von der Wahl geredet werde. Und das ist ja der status controversiae. Wir sagen: Da wird in keinem andern Sinn von der Wahl geredet. Wir würden gar nicht weiter in die Brüder eingedrungen sein, wenn sie nicht schon von vornherein von einer verschiedenen Bedeutung der Wahl geredet hätten. Nun ist es doch nicht unbillig, wenn wir fragen: Was für eine Meinung habt ihr denn? Das müssen sie doch auch, wenn sie billig und gerecht sein wollen, zugestehen, daß der § 5 für uns spricht. Sie selber sagen: Das verdenken wir Euch nicht, wenn Ihr uns so lange fragt, bis wir Euch gestehen, was wir meinen. — Das Bekenntniß setzt diesen Paraphen an die Spitze, dahin er auch gehört. Auf ihn kommt endlich doch Alles in der Streitfrage an, und muß daher seinem klaren Wortlaut nach verstanden werden. —

Es wurde nochmals der Antrag gestellt, den § 5, bei dem man in der dritten Sitzung stehen geblieben war, vorläufig zu übergehen und §§ 13—24 zur Besprechung vorzunehmen. Zwar sei auf Grund des ganz richtigen Grundsatzes: Die Concordienformel ist aus und durch sich selbst zu erklären, wenn sie recht verstanden werden soll, von vornherein der Gang der Ver-

handlung so geordnet worden, daß Satz für Satz der Reihe nach durch=
genommen werden solle, und diese Bestimmung sollte auch ausgeführt
werden. Wollte man jedoch jetzt an § 5 festhalten, so könne nur die Frage
in Betracht kommen, über wen die Wahl sich erstrecke. Solle aber auf eine
Erklärung gedrungen werden, was die Wahl sei, so müsse man weiter
greifen und die angegebenen Paragraphen in Betracht ziehen. Wenn diese
Frage entschieden sei, dann könne man wieder auf § 5 zurückkommen.
Dieser Antrag wurde auch von einem Conferenzglied der anderen Seite
befürwortet. Denn, hieß es, obgleich die Brüder, die mit der in unseren
Publicationen dargelegten und begründeten Lehre nicht übereinstimmen, im
Verlauf der Discussion schon deutlich ausgesprochen haben, was sie unter
der Prädestination verstehen, so sollte ihnen dennoch jetzt Gelegenheit ge=
geben werden, im Anschluß an die bezeichneten Paragraphen ihre Erklärung
abzugeben, zumal sie sich auf §§ 15—22 berufen, als in denen nach ihrer
Ueberzeugung die stricte Definition der Gnadenwahl enthalten sei.

Einwand: Bei Besprechung des § 5 ist auf der einen Seite schon
mehrfach hervorgehoben worden, daß in der Concordienformel das Wort
„Wahl" niemals in dem Sinne genommen werde, daß es alles das in
sich faßt, was man gewöhnlich unter einer sogenannten Wahl im weiteren
Sinne verstehe. Der andere Theil dagegen behaupte, die Concordienformel
gebrauche das Wort „Wahl" im weiteren und engeren Sinne: — die ewige
Wahl Gottes beziehe sich nicht allein auf die Personen, sondern auch auf
die Mittel zur Seligkeit. Begreift aber die Wahl auch die Bestimmung
der Heilsmittel in sich, so kommt der reine Calvinismus heraus. Der
5te Paragraph sagt deutlich, daß die Wahl sich erstreckt allein über die Per=
sonen, die zum ewigen Leben verordnet sind. Schließt man aber die Mittel
mit ein, so sagt man damit, daß auch die Ordnung der Mittel nur über die
Kinder Gottes sich erstrecke. Fassen wir die Worte des § 5 auf, wie sie
lauten, so erkennen wir, daß sie davon reden, was man die Wahl im engeren
Sinne nennt; wir lernen, was der 11. Artikel der Concordienformel unter
der Wahl versteht. In den nachfolgenden Paragraphen wird dann gezeigt,
was sie wirkt, und sodann wird in den acht Sätzen dargelegt, wie die Wahl
ausgeführt wird.

In Erwiederung auf das Gesagte wurde zugestanden, daß im § 5 offen=
bar keine Rede sei von der ordinatio mediorum salutis. Aber, sagte man,
dieser Satz der Concordienformel sei eben nicht allein zu nehmen, sondern
§ 8 müsse dazu genommen werden; beide gehörten zusammen. In § 5 sei
nicht alles gesagt, was von der Wahl gesagt sei; er müsse mit § 8 ver=
bunden werden; beide zusammengenommen heben die zwei Seiten einer
und derselben Sache hervor.

Diesem wurde widersprochen und darauf hingewiesen, daß der § 5
nicht blos einen Vergleich anstelle, wie behauptet werde, sondern davon
handele, daß die ewige Wahl Gottes sich allein über die Kinder Gottes

erſtrecke. Der § 8 zeigt dann, wovon die Gnadenwahl eine Urſache iſt, nämlich von der Seligkeit. Sodann wird in den nachfolgenden dargethan, wie man recht und mit Frucht von der Präbeſtination reden ſolle. Daß die Concordienformel dieſen Gang inne hält, iſt wohl zu merken, weil man ſich ſonſt die ſchwere Vorſtellung machen möchte, als wäre bei der Wahl eine Muſterung gehalten worden, wobei ohne allen weiteren Unterſchied blind hinein gegriffen worden ſei.

Dir. Krauß: Es wird in § 5 keineswegs eine Definition der Gnaden= wahl gegeben; dieſe folgt erſt §§ 15—23. Dort hat man es mit einer ſol= chen zu thun, das zeigen klar die Anfangsworte von § 24.: „Dieſes alles wird nach der Schrift in der Lehre von der ewigen Wahl Gottes zur Kindſchaft und ewigen Seligkeit begriffen, ſoll auch darunter verſtanden und nimmer ausgeſchloſſen, noch unterlaſſen werden, wenn man redet von dem Fürſatz... Gottes." Das heißt eben mit andern Worten: Das iſt die volle Definition von Wahl. §§ 5—8 iſt nur eine Vergleichung, und §§ 9—12 ſind nur eine Verwarnung vor einem ſchädlichen und gefährlichen Gebrauch eines falſchen Wahlbegriffes. Ich ſage daher: Allerdings iſt in § 5 von der Wahl im engeren Sinn die Rede. Die verſtehe ich darunter. Aber ich bitte ſehr dringend, daß man nicht immer auf § 5 und 8 herum= trete, ſondern zu §§ 15—23 übergehe; denn ſonſt ſind wir in 4 Wochen noch um keinen Schritt weiter. —

Es wurde darauf beſchloſſen, den Opponenten zu Liebe von der an= genommenen Ordnung der Beſprechung abzuſtehen und die Discuſſion mit §§ 13 u. ff. fortzuſetzen.

Vertagt mit Gebet des HErrn. G. Runkel, Secr.

Fünfte Sitzung.

Freitag Vormittag, den 1. October.

Nachdem die 5te Sitzung mit dem üblichen liturgiſchen Gottesdienſt eröffnet war, wurde das Protokoll der 3ten Sitzung verleſen und mit den vorgeſchlagenen Aenderungen angenommen. Hierauf ſchritt man gemäß dem in der 4ten Sitzung gefaßten Beſchluß zur Beſprechung der §§ 13—24. Bevor man jedoch weiter ging, machte Jemand darauf aufmerkſam, daß der Herausgeber eines Blattes anweſend ſei und ſich Notizen mache. Da= her machte der Vorſitzende auf den Beſchluß aufmerkſam, daß unſere Ver= ſammlung nicht in der Art öffentlich ſei, daß es Jemand erlaubt ſei, das, was hier geſprochen werde, zu veröffentlichen, bevor die Conferenz ſelbſt es thue. Sodann wurde der Vorſchlag gemacht: Damit die Verhandlungen nicht unnöthig in die Länge gezogen werden, möge man beſchließen, daß hauptſächlich diejenigen, welche ſich mit der vorliegenden Sache eingehend befaßt haben, die Debatte beiderſeits führen ſollten. Es ſolle daher auf der einen Seite hauptſächlich Dr. Walther das Wort führen.

Dr. Walther erklärte darauf, daß es weder biblisch, noch kirchlich wäre, wenn man ihn allein wollte sprechen lassen. Ap. Gesch. 15. lesen wir, daß bei jenem Concil der Apostel ein Jeder das Recht hatte zu sprechen. Er machte auch darauf aufmerksam, daß immerzu lästerlicher, verleumderischer, nichtswürdiger Weise in die Welt hinausgeschrieben werde: Der Walther ist allein der Meister und wir sollen doch nur Einen Meister haben, Christum! Wollte man daher ihn zum Vertreter der Conferenz machen, so würde man die Leute, die das sagen, nur bestärken, als ob diese schändliche Verleumbung Wahrheit sei. Das solle man ja nicht thun, eben weil es weder kirchlich noch biblisch wäre.

Der Urheber des obigen Vorschlags erklärte sich dahin, daß er seinen Vorschlag nicht so gemeint habe, daß Herr Dr. Walther auf der einen Seite allein das Recht haben sollte, zu sprechen, sondern daß er gemeint habe: nur hauptsächlich und vorläufig solle derselbe das Wort führen, damit Klarheit in die Verhandlung komme, denn er habe sich nun einmal am eingehendsten mit der Sache beschäftigt.

Da die Brüder der andern Seite bei § 5 sich dahin ausgesprochen hatten, daß sie nur dann ausführlich über ihre Stellung zu der Lehre von der Gnadenwahl sich äußern könnten, wenn man auch §§ 13—24 dazu nehme, so wurde jetzt beschlossen:

Es solle erst den Brüdern der andern Seite gestattet sein, ihre Auffassung dessen, was jetzt an der Ordnung sei, im Zusammenhang vorzutragen, so daß ihnen Niemand in's Wort fallen dürfe, Niemand sie störe, bis sie fertig seien; und daß dann ihre Opponenten dieselbe Gelegenheit erhalten sollten, ihren Standpunkt darzulegen.

So begann denn Prof. Stellhorn seinen Standpunkt in der Sache folgendermaßen darzulegen: Ich will zunächst, so weit es mir gelingt, ganz kurz versuchen, unsere Stellung betreffs §§ 13—24 anzugeben. Das „unsere" könnte unbescheiden klingen; aber ich hoffe, daß die andern Brüder mit mir übereinstimmen. Der Hauptsache nach ist das oft geschehen. Zunächst will ich nur im Allgemeinen unsere Auffassung angeben und nicht auf das Allerspecielleste eingehen, damit keine Zeit verloren geht mit der Widerlegung aller etwaigen Einwände. Die Besprechung des Einzelnen kann nachher geschehen. — Wir fassen es also so: §§ 13. 14 ist Einleitung, § 24 ist Schluß; und §§ 15—23 enthält eine ausführliche Begriffsbestimmung oder Definition von der Gnadenwahl. Damit stimmen wir mit „Lehre und Wehre"; denn Pastor Stöckhardt hat in dieser Zeitschrift eben dieses behauptet, und diese Zeitschrift wird von dem ganzen Lehrercollegium in St. Louis redigirt. Da sagen wir: Wenn hier eine Begriffsbestimmung oder eine Definition gegeben wird, wenn sie auch noch so ausführlich ist, so darf doch nichts darin sein, was nicht zum Begriff der Gnadenwahl gehört in dem Sinn, wie die Concordienformel davon redet.

Von §§ 15—22 wird der erste Theil der Wahl angegeben, von der die

Concordienformel redet. Wir sagen: Die Concordienformel redet von einer Wahl, die aus zwei Hauptbestandtheilen besteht; sie redet nicht blos von der Wahl im engern Sinn, die nichts anderes ist als die particuläre Auswahl bestimmter Personen, die unfehlbar selig werden; sondern die Concordienformel handelt hier von der Wahl im weitern Sinn. Und wenn ich nun von dieser Wahl im weitern Sinn rede, so muß das auch dazu genommen werden, was die Wahl im engern Sinn ausmacht; das ist selbstverständlich. Von der particulären Wahl handelt die zweite Hälfte von § 23, von der Auswahl der Personen, die unfehlbar selig werden. Dagegen die 8 Punkte handeln nur von dem ersten Theil der Gnadenwahl in dem Sinn, in welchem die Concordienformel von der Gnadenwahl redet, oder von dem, was z. B. Hutter die ordinatio mediorum nennt, d. h., die Bestimmung des allgemeinen Heilswegs. Also die Prädestination im Sinn der Concordienformel bestimmt Zweierlei voraus („voraus", weil's der liebe Gott in Ewigkeit gethan): Das Erste ist enthalten in §§ 15—22, das sind die Mittel des Heils, der Weg zur Seligkeit. Da hat der liebe Gott, der wohl wußte, daß die Menschen fallen würden, und der sie auf der einen Seite nach seiner Heiligkeit und Gerechtigkeit verdammen mußte, und nach seiner Liebe und Barmherzigkeit auf der andern Seite selig machen wollte — da hat also der liebe Gott einen Weg gemacht, daß die Menschen selig werden könnten, und in §§ 15—22 sind eben diese Mittel des Heils genannt, ist dieser Weg angegeben. Leider wird dieser Weg nicht von allen Menschen gegangen, das wird auch in den 8 Punkten angegeben; trotzdem ist es der Weg für alle Menschen, und als Weg für alle Menschen kommt er hier in Betracht. Es heißt § 17: „Daß Gott mit seinem Heiligen Geist durch das Wort, wann es gepredigt, gehöret und betrachtet wird, in uns wolle kräftig und thätig sein, die Herzen zur wahren Buß bekehren und im rechten Glauben erhalten." Da wird schon angegeben, daß auf diesem allgemeinen Heilsweg nicht alle Menschen gehen. Die beiden ersten Punkte, §§ 15 und 16, sind noch ganz allgemein. Da ist kein Unterschied unter den Menschen. Das ganze menschliche Geschlecht hat Gott erlös't. Die Wohlthaten Christi sind für alle Menschen in Wort und Sacrament da. Aber in Punkt 3 (§ 17) scheiden sich die Menschen. Die einen sind die, die das Wort, wenn es gepredigt wird, hören und betrachten; also in denen will der Heilige Geist nur wirken, die' sich zu wahrer Buße bringen lassen, sofern der unwiedergeborne Mensch das kann. Da sind also schon zwei Theile. Punkt 4 (§ 18) kommt wieder eine Scheidung zwischen denen, die sich zur Buße bringen lassen und Christum durch rechten Glauben annehmen — welche Gott gerecht machen, zu Gnaden, zur Kindschaft und Erbschaft des ewigen Lebens annehmen wolle — und den andern, die das nicht thun. Und in Punkt 5 heißt es: „daß er auch, die also gerecht= fertiget, heiligen wolle in der Liebe". Jetzt haben wir auf dem allgemei= nen Heilsweg nur noch diejenigen, welche zum Glauben gekommen sind.

Diese will Gott nach Punkt 6 trotz ihrer Schwachheit gegen alle Feinde schützen und erhalten. Und nun zeigt Punkt 7, daß auch diese nicht alle auf dem Heilsweg bleiben. Es kommt auch bei ihnen noch zu einer Scheidung. Es heißt nämlich: „daß er auch in ihnen das gute Werk, so er angefangen hat, stärken, mehren und sie bis ans Ende erhalten wolle, wo sie an Gottes Wort sich halten, fleißig beten, an Gottes Güte bleiben, und die empfangenen Gaben treulich brauchen." Also der eine Theil hält sich zu Gottes Wort, betet fleißig, braucht die empfangenen Gaben treulich — natürlich nur durch Gottes Gnade und Kraft können sie das thun, das ist der Concordienformel so selbstverständlich wie uns —, der andere Theil thut das nicht und fällt wieder ab. Da kommt also wieder eine Scheidung. Die Letzteren sind die Zeitgläubigen, die Ersteren sind die, die man kurzweg Auserwählte nennt; und deswegen wird in Punkt 8 gesagt: „Daß er endlich dieselbigen, so er erwählet, berufen und gerecht gemacht hat, auch im ewigen Leben ewig selig und herrlich machen wolle." Die Zeitgläubigen bleiben also zurück; die Andern werden „ewig selig und herrlich gemacht." Hier kommt schon das Wort „erwählet" herein. Im Enchiridion des Dr. Chemnitz steht dieses Wort „erwählt" nicht. Dieser Ausdruck „erwählt" steht hier deswegen, weil bei dieser (8.) Station, so zu sagen, nur noch diejenigen auf dem allgemeinen Heilsweg sich befinden, welche wirklich erwählt sind und unfehlbar selig werden auf diesem allgemeinen Heilsweg. Aber, wenn auch durch Schuld der Menschen die Zahl derer, die endlich selig werden, immer kleiner wird, so ist und bleibt es doch der allgemeine Heilsweg, und als solcher kommt er hier in Betracht. Das finden wir, abgesehen von andern Stellen der Concordienformel, ganz deutlich in § 23 ausgesprochen. Da heißt es: „Und hat Gott in solchem seinem Rath, Fürsatz und Verordnung nicht allein ingemein die Seligkeit bereitet." Das ist eine Zusammenfassung der acht Punkte. Also die Concordienformel sagt uns, daß die acht Punkte zu dem „Rath, Fürsatz und Verordnung" gehören. Nun soll man aber nicht denken: Weil diese acht Punkte als der Haupttheil von der Wahl und Verordnung charakterisirt werden, daß sie die einzigen Theile der Gnadenwahl seien. Nein, Gott hat mehr gethan: „sondern hat auch alle und jede Personen der Auserwählten, so durch Christum sollen selig werden, in Gnaden bedacht, zur Seligkeit erwählet, auch verordnet" u. s. w. Es heißt hier: „salutem *suorum*"; Dieses suorum ist in derselben Meinung hinzugesetzt, in welcher §§ 3, 4, 7 gesagt wird, daß durch Schuld der Menschen die allgemeine Seligkeit nicht allen zu Theil werde. Weil also endlich nur „die Seinen" die für alle bestimmte Seligkeit erlangen, steht das suorum da. Im Deutschen steht es nicht. Wenn es nothwendig wäre, würde es auch im Deutschen stehen. Aber Chemnitz, der die fehlerhafte lateinische Uebersetzung corrigirt hat, hat es stehen lassen, weil man es richtig verstehen kann. Es ist die Seligkeit der Seinen, welche dieselbe schließlich erlangen. Von Punkt 7 an sind ja die

Stationen, wo nur noch die Erwählten sind. Und im Folgenden heißt es dann gleich weiter: Man würde sich irren, wenn man diesen Haupttheil (die 8 Punkte) für das Einzige halten würde; nein, Gott hat nicht blos das gethan, was §§ 15—22 angegeben wird, „sondern hat auch alle und jede Personen der Auserwählten, so durch Christum sollen selig werden, in Gnaden bedacht, zur Seligkeit erwählet" u. s. w. Dieses Letztere ist also die Gnadenwahl im engsten Sinn, die particuläre Auswahl bestimmter, einzelner Personen zur unfehlbaren Erlangung der Seligkeit. Die Festsetzung des allgemeinen Heilswegs muß vorangehen. Hätte Gott vorausgesehen, daß alle Menschen sich zur Seligkeit bringen lassen, so wäre es nimmermehr zu einer Auswahl gekommen. Das darf man aber nicht so ansehen, als ob damit gesagt sei: Die Menschen mögen sehen, wie sie fromm werden 2c., und dann beschließe Gott, sie selig zu machen. Nein, Gott sagt nicht: Das ist der allgemeine Heilsweg, nun mögen die Menschen auch darauf laufen; sondern der 2te Theil der Gnadenwahl ist **die auf die Voraussehung Gottes gegründete richterliche Application der Bestimmung des allgemeinen Heilswillens**. Aber inwiefern hat Gott nöthig, das zu beschließen? könnte man fragen. Ich antworte: Es ist hier ähnlich, wie bei Gottes Walten in der Natur. Gott hat die ganze Natur mit allen ihren Kräften geordnet, und dennoch darf man nicht denken, daß Gott nun gleichsam im Großvaterstuhl sitze und Alles seinen Gang gehen lasse nach der einmal festgesetzten Naturordnung. Nein, Alles, was in der Natur geschieht, wenn es blitzt, donnert 2c., das ist ein Act Gottes. Und ähnlich ist es hier. Ich erinnere auch an ein Analogon, an die Lehre von einer zweifachen Rechtfertigung. Da lehren wir alle im Unterschied von den neuern Theologen, daß es eine objective Rechtfertigung gibt, welche geschehen ist durch Christi Auferweckung. Die ganze Menschheit ist objectiv gerechtfertigt durch Christi Auferstehung. Da hat Gott erklärt: Jetzt sind alle Menschen gerechtfertigt, frei von Sünden, und wer diese objective Rechtfertigung im Glauben annimmt, der wird auch subjectiv gerechtfertigt. Da könnte man auch fragen: Wozu die subjective Rechtfertigung? Diese ist eben auch ein besonderer richterlicher Act Gottes, dadurch er selbst richterlich die objective Rechtfertigung dem Einzelnen, welcher glaubt, applicirt. Aehnlich fasse ich die particuläre Wahl: sie ist die richterliche Application der Bestimmung des allgemeinen Heilswillens. In § 23 heißt es: „auch verordnet, daß er sie auf die Weise, wie jetzt gemeldet, durch seine Gnade, Gaben und Wirkung dazu bringen, helfen, fördern, stärken und erhalten wolle". Hier ist also die Bestimmung, daß der liebe Gott die Auserwählten wirklich selig machen will auf jenem allgemeinen Heilswege trotz aller Feinde und ihrer eigenen Schwachheit. Jene 8 Punkte kommen also zweimal vor in der Lehre von der Gnadenwahl nach der Concordienformel: nämlich erstens nach § 23, erste Hälfte, als die Bestimmung des allgemeinen Heilswegs, welche Bestimmung den ersten Theil der Gnadenwahl im Sinn der Concordienformel bildet; zweitens als der Weg, auf welchem Gott wirklich die Auserwählten zur Seligkeit führt. Er will alle so führen, aber durch Schuld der meisten Menschen kann er es eben nicht. Damit ist nun Alles gesagt. — Ich bemerke noch zu § 24: „Dieses alles wird nach der Schrift in der Lehre von der ewigen Wahl Gottes zur Kindschaft und ewigen Seligkeit begriffen" 2c. Dieses Wort „Alles" beweis't, daß in der Gnadenwahl, so wie die Concordienformel davon redet, alles Vorangehende begriffen ist. Es will mir sonderbar vorkommen, wenn man unter diesem „alles" nur die 2te Hälfte von § 23 verstehen will. Nein, alles, was vorhergeht, von § 14 an, „dieses alles wird nach der Schrift in der Lehre von der ewigen Wahl Gottes zur Kindschaft und ewigen Seligkeit begriffen". „Dieses alles" soll nicht blos beiläufig erwähnt werden, soll nicht blos auch mit genannt werden, sondern „dieses alles" bildet die Wahl und soll nimmermehr ausgeschlossen werden. „Nach der Schrift" heißt es, also nimmt nach der Concordienformel die Schrift „dieses alles" mit hinein. Unsere Herrn Opponenten nehmen immer das, was in der Mitte von § 23 steht, voran. Wir müssen die Stücke in der Reihenfolge lassen, wie sie in der Concordienformel stehen. Die Concordienformel nimmt die 8 Stücke vorher und dann kommt erst das, was in § 23 steht.*)

Nachdem Herr Prof. Stellhorn diese längere Darlegung seiner Stellung in der vorliegenden Frage beendet, wurden auch diejenigen andern Brüder aufgefordert zu reden, welche diese Stellung ganz oder doch wesentlich theilen und etwa auf noch nicht hervorgehobene Momente ihrer Anschauung hinweisen möchten. Hierauf bemerkte

Pastor Allwardt: Er möchte etwas hinzusetzen, den Zweck und Zusammenhang dieser 8 Punkte mit § 23 betreffend. Vorher, in §§ 9—12, ist davon die Rede, daß, wenn man unter der Gnadenwahl nur eine solche Musterung verstehe: dieser soll selig, jener verdammt werden, dies seltsame, gefährliche Gedanken erzeuge, welche Gedanken dann auch näher angegeben werden, als: wer weiß, ob ich versehen bin, ob ich verharre? 2c. Alle Lehre ist aber verkehrt, die nicht zu Trost und Vermahnung dient, darum ist jede Darstellung von der Gnadenwahl, die den Trost des Evangelii verkümmert, von vorn herein falsch und verkehrt. Nun ist die Absicht der Darstellung dieser Lehre in der Concordienformel, den Trost zu erhalten, darum wird in § 13 gesagt, daß, wenn man mit Nutzen und Frucht der Lehre von der Wahl gedenken wolle, man nicht über die bloße heimliche verborgene Vorsehung Gottes speculiren, sondern die ganze Lehre der in Christo gegebenen Verheißung zusammenfassen müsse. Nun kommt im Bekenntniß, welche Stellung der allgemeine Gnadenrath Gottes in der Gnadenwahl einnehme.

---

*) Bis hierher protokollirte Herr Pastor J. Fackler. Der andere Theil dieses Protokolles ist aus der Feder des Herrn Pastor A. Krafft.

Die Stelle klar zu machen, stelle man sich einen Reformirten vor, der uns fragt: Glaubt ihr auch eine Wahl? Wir antworten: Ja. Er fragt weiter: Ist diese Wahl unveränderlich? Wir antworten: Ja. Er fragt weiter: Wenn ihr auch eine unwandelbare Wahl glaubt, worin unterscheidet ihr euch denn von uns? Wir können einem Solchen antworten: Wenn wir von der Wahl handeln, gehen wir davon aus, wie Gott die ganze Welt in Christo erlös't habe, die ganze Welt berufe und im Berufe allen Menschen die Seligkeit kräftig anbiete. Nun scheiden sich aber, wie die folgenden 6 Punkte zeigen, die Menschen, sobald das Wort an sie gelangt. Viele verwerfen von vornherein durch Satans Bosheit das Wort. Das ist Thatsache, wenn wir jetzt auch nicht fragen: Woher kommt das? Andere hören das Wort, ärgern sich aber daran, je mehr sie es mit dem natürlichen Verstand, soweit dies möglich ist, fassen. Andere bleiben, aus Gnade und Barmherzigkeit bewahrt, im Glauben. Das Bekenntniß will also zeigen, wie nach und nach die Zahl der Menschen immer kleiner und kleiner wird, die sich auf dem Heilsweg führen lassen, bis zuletzt nur die übrig bleiben, die wirklich selig werden, diese aber seien von Gott zur Seligkeit bestimmt und keine andern. Hier soll also eine Darstellung der Lehre von der Wahl gegeben werden, deren Trost gegründet ist auf den allgemeinen Gnadenrath, auf das Evangelium, nicht auf die Lehre von einer particulären Wahl. Die große Zahl derer, die von der Seligkeit ausgeschlossen bleiben, sind dies nur, weil sie das alles verachtet haben, was sie selig machen konnte.

Einige Brüder (nämlich die Pastoren Ernst, Rohe, Diemer, Kunz) gaben hier ihre Zustimmung zu erkennen zu der von den Vorrednern dargelegten Lehrweise, wenigstens im Wesentlichen, während zwei andere (Dir. Krauß und Past. T. Körner) ausdrücklich bemerkten, daß sie durchaus nicht, wie ein Vorredner, den allgemeinen Heilsrathschluß als die Hauptsache, als den Haupttheil der Erwählung selbst angesehen wissen wollten, denn dies sei ohne Zweifel die electio der Personen.

Director Krauß sprach sich so aus: Um mich kurz zu fassen: Ich stimme im Wesentlichen den Ausführungen des Herrn Prof. Stellhorn bei; mit dem Unterschiede jedoch, daß ich in der Lehre von der Prädestination nicht die ordinatio mediorum oder die Bestimmung der Mittel, sondern vielmehr die Bestimmung der Personen der Auserwählten für die Hauptsache halte; also nicht den ersten, sondern den zweiten Theil, die Wahl „im engeren Sinne."

Nachdem wiederholt gefragt worden war, ob noch einer der Herren Opponenten das Wort begehre, und sich keiner meldete, ja von dieser Seite selbst der Wunsch ausgesprochen war, daß nun auch den Anderen das Wort gegeben werde, um die von ihnen differirende Lehre im Zusammenhang nach allen Seiten darzulegen, wurde eben dieses zum Beschluß erhoben.

Hierauf legte Pastor M. Große dar: Unsere Position ist die: daß wir die acht Punkte insofern allerdings für einen integrirenden Theil der Gnadenwahl halten, als sich das in denselben Gesagte auf die Auserwählten bezieht, aber auch nur insofern gehört es in diese Lehre hinein. Zu sagen, die media salutis seien die Wahl im weiteren Sinne, wenn auch einschließlich der Auswahl der Personen im engern Sinn, ist nicht zu billigen; es ist nur Eine Wahl und das ist das, was wir, wenn wir uns einmal des Ausdrucks bedienen wollen, engere Wahl nennen. Unmöglich kann man die Zeitgläubigen für Auserwählte erklären, wie es in jener Auffassung liegt. Wir leugnen nicht die Allgemeinheit der Erlösung, der Berufung, der Gnadenmittel. Niemand kann mit Ursache sagen, daß wir den Trost verlassen, der in dieser Allgemeinheit der Erlösung liegt; aber fragen wir, was im Sinne der Concordienformel die Wahl ist, so ist es die Bestimmung einzelner Personen, für die Gott Christum, wie für die ganze Welt, gegeben hat, um sie auf dem geordneten Heilsweg zur Seligkeit zu führen. Es ist also hier nur die Rede von dem Heilswege im Bezug auf die wahren Kinder Gottes; ad vitam aeternam consequendam, wie das Bekenntniß sagt.

Ferner bemerkte Dr. W a l t h e r: Einer der Brüder unter den Opponenten hat gerade Einiges, was für uns spricht, für sich in Anspruch genommen. Zweck der Darstellung der Gnadenwahlslehre in der Concordienformel ist offenbar, den Schaden zu verhüten, der vorher dadurch entstanden war, daß man die Wahl immer nur als Musterung darstellte, als habe Gott nur beschlossen: Der soll in den Himmel und der in die Hölle. Freilich, dann wäre es eine ganz gefährliche Lehre, wenn die Gnadenwahl nichts anderes wäre. Das sagt auch die Concordienformel selbst. Ein Gottloser könnte da denken: Bin ich erwählt, so werde ich doch selig, ich mag machen, was ich will; die gläubigen, bekümmerten Seelen aber würden bei dieser Lehre sagen: „Ich stehe wohl jetzt im Glauben und darum auch in Gottes Gnade; aber wer weiß! werde ich auch beständig bleiben? bin ich auch erwählt? Ich fürchte, wenn ich mein Fleisch und Blut, wenn ich die Welt ansehe, daß ich fallen und verloren gehen werde." So ist den gläubigen Kindern Gottes aller Trost geraubt durch eine Lehre, nach welcher die Wahl nur eine Musterung sein soll, etwa wie man die ausloos't, die als Soldaten in den Krieg ziehen sollen. Dagegen hat uns Chemnitz in seiner Darlegung in der Concordienformel ein rechtes Meisterstück geliefert, indem er darthut, wie allein das echt biblisch sei, wenn man bei der Lehre von der Wahl immer zu Grunde lege die Erlösung der ganzen Welt, die Bestimmung des Heilsweges. Zur Bereitung und Beharrung auf diesem Wege gibt uns Gott alles, was nöthig ist; freilich aber hat Gott nicht nur gesagt, was ein Mensch thun muß, um selig zu werden, sondern auch bestimmte Personen von Ewigkeit erwählt und dazu verordnet, daß sie auf diesem Wege zum Himmel und zur Seligkeit eingehen, aber nur auf diesem Weg. Wenn nun Einer diese Lehre hört, kann er weder, wenn er gottlos ist, in seiner Sicherheit bestärkt, noch, wenn er gläubig ist, im Glauben, in der Hoffnung und

Zuversicht erschüttert werden. Nach dieser Lehre sieht Jeder: Glaube ich an JEsum Christum, so bin ich auch auf dem Wege, auf welchem Gott die Auserwählten zum ewigen Leben führt; darum darf und soll ich glauben: Ich bin erwählt. Das kann aber Einer eben nur so lange glauben, so lange er auf diesem Wege bleibt; denn auf keinem andern Wege macht Gott die Auserwählten wirklich selig, als auf dem Wege, auf welchem er die ganze Welt zur Seligkiit führen will. Darum gibt es keine Lehre, welche mehr als diese auffordert: Bleibe doch auf dem schmalen Weg! Einem fleischlich sicheren Menschen ist diese Lehre kein Trost, denn sein Gewissen sagt ihm: Wenn nur Solche auserwählt sind, die auf dem der ganzen Welt zur Seligkeit vorgezeichneten Wege gehen, die sich durch den Glauben an Christum halten, so werde ich nicht selig; denn ich gehe ja nicht auf diesem Wege. Ein solcher Mensch muß denken: Wie oft bin ich eingeladen, wie oft ist mir die Gnade Gottes angeboten, wie oft bin ich durchs Gesetz erschreckt, durchs Evangelium gelockt worden, aber alles, alles habe ich in die Schanze geschlagen; Niemand, als ich, ist schuldig, wenn ich verdammt werde. Nach dieser Auseinandersetzung ist klar, daß nur derjenige, welcher sich an die allgemeine Verheißung hält und auf dem geordneten Heilsweg geht, glauben kann, daß er erwählt sei. Wir werden auf keinem andern Wege der Erwählung gewiß, als a posteriori, nach Betretung dieses Heilsweges; Keiner kann a priori denken: Wohl, Gott hat mich erwählt, so muß ich selig werden. Wer hat denn in Gottes Rathsstube geschaut? Kein Sterblicher kann das. Christus ist das Buch des Lebens; willst du also wissen, ob du erwählt bist, so halte dich nur an Ihn, und dann zweifle nicht, du wirst selig. Zweifelst du daran in der Anfechtung, so ist es nur Schwachheit deines Glaubens; dieser Zweifel ist aber doch nichts Gutes, sondern wird vielmehr von Gott in seinem Worte gestraft. Die andere Seite hat eigentlich gar keine Gnadenwahl, nur die Lehre von der Rechtfertigung. Sie sagen: Wenn Einer diesen Weg geht, dann nennen wir ihn einen Auserwählten; das ist aber doch keine Wahl, während die Concordienformel § 23 ausdrücklich nicht redet von der Bereitung der Seligkeit im Gemeinen, sondern von denen Personen, so sollen durch Christum selig werden, die erwählt und verordnet sind. Wir glauben darum von Herzen, nicht so, daß Gott erst aussieht, wie der Mensch sich verhalten werde, und auf Grund dessen, was er vorher an ihm gesehen hat, ihn erwählt habe, sondern umgekehrt, daß Gott erwählt habe, aber auch zugleich zum Gehen auf dem Heilsweg erwählt habe, und darreiche, was dazu gehört. „Wählen, verordnen" wird es ausdrücklich genannt; und nicht erwählt er, weil die Menschen haben oder haben werden, was er ihnen selbst erst geben und in ihnen wirken muß. Ehe der Welt Grund geleget ward, von Ewigkeit hat er uns erwählet, aber wie? So wie das Bekenntniß sagt: „eo modo quem recitavimus", auf die darin dargelegte Art und Weise, nur auf dem angezeigten Wege. Nun spricht man gewöhnlich: Das ist ja eine schreckliche Lehre! Gott hat also doch gewisse Personen auserwählt und beschlossen, diesen den Glauben zu geben. Ist das nicht partheiisch gegen die anderen? O nein. Diese sind nicht Erwählte, weil sie muthwillig widerstreben, während jene nur selig werden aus den zwei Ursachen: Erstlich aus Gottes Barmherzigkeit, zum Andern um des allerheiligsten Verdienstes JEsu Christi willen. Diese sind die zwei einzigen Ursachen; wer den Glauben dazu setzt, soll nicht sagen, daß er die Lehre der Concordienformel habe, denn diese gibt eben nur diese zwei Bewegursachen der Erwählung an. Wenn darum die Opponenten nicht erzpelagianisch vom Glauben lehren, was wir ihnen nicht imputiren wollen, so müssen sie doch zugeben, daß wir damit keine absolute Wahl lehren, wenn wir lehren, daß Gott selbst alles geben und thun muß zu unserer Seligkeit. Was haben sie aber mit ihrer Lehrdarstellung gewonnen? Nichts. Kann das nicht von Jemand nach der Vernunft wieder partheiisch genannt werden, daß Er Einem den Glauben gibt, dem Andern nicht? Ja, antworten sie, dem, der widerstrebt, kann Er ihn nicht geben. So, also ist das Nichtwiderstreben der Einen die Ursache ihrer Erwählung?

Was den Ausdruck betrifft „Gnadenwahl im weitern Sinne", so habe ich, fuhr Redner weiter fort, nichts dagegen, wenn man ihn Lehrens halber gebraucht; aber die Bibel weiß nichts davon, und das Bekenntniß auch nicht. Ja wir sagen: Wer spricht, es wäre weiter nichts, als jenes in § 23 gemeint, da ist die Lehre falsch, verstümmelt und unvollkommen dargelegt. Es gehört ja nothwendig in die Lehre von der Wahl Gottes Bestimmung des Heilsweges, auf welchem er will seine Auserwählten zum ewigen Leben führen; darum ist es verkehrt von gewissen Dogmatikern, wenn sie von einer Gnadenwahl im engeren Sinn reden mit der Behauptung, die Concordienformel rede von der Wahl im weitern Sinn. Was den Ausdruck „Wahl der Mittel" betrifft, so muß ich sagen: Davon redet die Schrift nirgends, ebensowenig das Bekenntniß; es ist auch ein wunderlicher Ausdruck; ein Mittel ist doch kein Auserwählter. Von Auserwählten kann man aber freilich nicht reden ohne von den Mitteln; denn das wäre ebenso, als wenn Einer die Lehre von der Versöhnung darstellen wollte und wollte nur sagen, Christus habe gelebt und gelitten und sei gestorben. Das wäre nicht die Lehre von der Versöhnung, denn wenn ich diese darlegen will, so muß ich zeigen, wie Gott den Menschen unschuldig geschaffen habe nach seinem Bilde, wie er durch den Fall in Erbsünde und wirkliche Sünden gerathen sei; muß zeigen, wie Gott heilig und darum über die Sünde erzürnt sei, und daß darum, wer in Sünden liegt, ihm nicht gefallen kann, wenn nicht eine Genugthuung geschieht. Es muß die Lehre vom Gesetz hinein, bis man nun zum eigentlichen Act der Versöhnung kommt. So auch hier. Erst muß in der Lehrdarstellung damit begonnen werden, wie Gott die ganze Welt erlös't habe. Denn das ist falsch, wenn man sagt: So ist es nur in den Gedanken Gottes. Nicht das will die Concordienformel sagen: Das ist die Folge der Gedanken Gottes, sondern: So soll es gelehrt werden.

Nicht so: Es gibt eine Anzahl Menschen, da hat Gott beschlossen, die sollen verdammt werden, und es gibt eine Anzahl, die sollen selig werden, und das ist Ein- und für allemal ausgemacht. Wer zu der einen Zahl gehört, bleibt darin, und wer zu der andern gehört, bleibt auch darin. Das wäre ganz verkehrt. Das hieße eben die Gnadenwahl darstellen als willkührliche Wahl. So vorgetragen müßte die Lehre Verzweiflung oder Sicherheit erzeugen. Nein, zuerst muß der allgemeine Heilsrathschluß kommen; wer das nicht bedächte, würde das Wort nicht recht theilen. Wer weiß, wohin wir gerathen wären ohne diese Darstellung der Lehre in der Concordienformel! Durch sie ist unsere Kirche bewahrt worden vor dem Calvinismus. Was wir lehren, ist keine absolute Wahl, sondern eine bedingte. Die Bedingungen sind: die Gnade Gottes, das Verdienst Christi und der Glaube; aber das sind Bedingungen, nicht die wir erfüllen, sondern die Gott selbst an uns und in uns erfüllt. Wer nun sagt, der Mensch erfülle sie, der lehrt, was wir jedoch von den Opponenten nicht sagen wollen, pelagianisch. Diese sollen aber doch nicht immer uns Unrecht thun und uns eine absolute Wahl zuschreiben, wenn wir sagen, Gott habe beschlossen, daß die Auserwählten ganz gewiß zur Seligkeit gelangen werden. Die Wahl ist nicht nur ein bloßer Rathschluß: Wer glaubet, wird selig, sondern es wird hier in den 8 Punkten nur gezeigt, wie Gott, der ernstlich Aller Seligkeit will und an ihnen arbeitet, auf eben diesem Wege, wie er Alle wollte selig machen, die Auserwählten wirklich zur Seligkeit führt. Daß er das an jedem einzelnen der Erwählten thue, das steht klar da, wenn es § 23 heißt: „Er hat auch alle und jede Person der Auserwählten" u. s. w. Man bedenke wohl die Ausdrücke, z. B.: „verordnet". Was Gott verordnet, das muß geschehen; wenn bloß dastünde: Er will es thun, so wäre es etwas anderes; denn er will es an der ganzen Welt thun und doch geschieht es nicht. (Es wurde hier hingewiesen auf ein Citat von Balthasar Meisner, im Octoberheft der „Lehre und Wehre", S. 293 in einer Anmerkung gegeben.) Wenn Gott sich etwas vorsetzt, so führt er es auch hinaus; wenn er etwas nur will und nicht sich vorsetzt, so kann es möglicher Weise auch nicht geschehen. — Wie die Concordienformel die Lehre von der Wahl versteht, geht auch hervor aus §§ 45—47. Dort wird aus dem Fürsatz Gottes für die Gläubigen der Trost gezogen, daß es nicht nur Gottes Wohlgefallen sei, sie selig zu machen, sondern daß er es sich auch vorgesetzt habe, also wirklich hinausführen werde. Man beachte auch die in der lateinischen Ausgabe der Concordienformel gebrauchten Ausdrücke: „elegit, decrevit" u. s. w., die über den Verstand des Bekenntnisses keinen Zweifel lassen, und die § 47 zum Trost angewandte Schriftstelle. Paulus sagt Röm. 8.: „Die nach dem Fürsatz berufen sind." Damit lehrt er, daß Gott sich vorgesetzt habe, die Gläubigen (denn freilich nur von Solchen, die im Glauben stehen, ist die Rede) zur Seligkeit zu bringen, und daraus soll ein Solcher, nach dem Bekenntniß, den Schluß machen: Wer will mich scheiden von der Liebe Gottes, die in Christo JEsu ist? u. s. w. Nicht, wie unsere lieben Brüder, die uns opponiren, sagen, ist das nur so angehängt, daß eine Wahl der Personen ist, sondern eben dies ist die Hauptsache, um dessentwillen die ersteren Punkte im Bekenntniß stehen. Nur durch eine aequivocatio kann man anders von einer Erwählung reden. Das ist die Wahl, daß Gott bestimmte Personen auf den Heilsweg bringt, darauf erhalten will, wenn auch mit Unterbrechung, und endlich unfehlbar selig macht. Darum ist hier nicht der Glaube einzuführen als Ursache; denn darum handelt es sich, ob ich auch meiner Seligkeit kann gewiß sein. Dessen macht mich mein Glaube nicht gewiß; denn dazu muß ich wissen, ob ich auch im Glauben bleiben werde, denn, wenn nicht, so gehe ich schließlich doch verloren. Wem es nun Ernst ist, der speculirt nicht mit der Vernunft, wird aber wohl wissen, ob er fröhlich sich heute oder morgen kann aufs Sterbebette legen, in dem Glauben: Ich bin erwählt, fürchte mich nicht knechtisch vor der Welt, meinem Fleisch, dem Teufel; ich liege ja Gott in den Ohren und flehe ihn an, er möge doch seine Verheißung an mir halten, so wird er mich auch nicht fallen lassen in Unglauben und Sünden oder falsche Lehre. Wer aber nicht im wahren Glauben steht, dem hat nicht Gott in seinem Wort, sondern der Teufel offenbart, er sei erwählt. Auch ist gewiß, daß der wahre Gläubige stets mit Furcht und Zittern, wie es auch Gottes Wort verlangt, auf dem schmalen Wege wandelt, eben weil er sich im Glauben ein erwähltes Kind Gottes weiß. Am wenigsten ist die Lehre der Opponenten von der Wahl die reine, da diese auf Grund des Vorhersehens geschehen, oder ein richterlicher Spruch sein soll. Ein Richter ist gerecht, sieht den Menschen an, wie er nach seinem Gesetz ist, und bestimmt darnach; dieses würde dahin führen, daß es gar keine Gnadenwahl mehr wäre. Jenes wäre ebenso, als wenn ich Jemanden den Weg wohin zeigen und sagen würde: Nun gehe zu, so sollst du ans Ziel kommen und das und das erlangen, und wollte dann nachher sagen: Siehst du, ich habe dich dazu erwählt, wie man wohl sagen könnte, wenn ich ihn selbst ans Ziel hintrüge. Nur Er selbst ist es, der treue Gott, der uns erwählt hat und trägt, wie Er spricht: „Ihr habt mich nicht erwählt, sondern ich habe euch erwählt, daß ihr Frucht bringet und eure Frucht bleibe."

Nach dieser längeren Darstellung der Lehre von der Wahl folgte die Darlegung derselben von Seiten des Herrn P. Stöckhardt. Derselbe sprach Folgendes: „Es sind etliche Punkte, um welcher willen es nöthig ist, daß ich mich besonders rechtfertige, obwohl ich in allem Wesentlichen ganz und gar mit dem Vorredner stimme. Ich will mich hierbei streng an § 13—24 der Concordienformel halten. Eins muß man nothwendig beachten. Die erste Form der Concordienformel ist ohne diese 8 Punkte, die schwäbische Formel hat sie nicht, auch in der Epitome fehlen sie. Daraus folgt, daß auch außer ihnen, sonst im Bekenntniß selbst, die wesentlichen

Züge der Gnadenwahl sich finden müssen. Gott hat gewisse Personen zur Kindschaft und Seligkeit erwählt. Dieser Begriff paßt auf alles, was in §§ 5, 8, 23 und sonst im Bekenntniß von der Wahl gelehrt wird. Nun ist nur zuzusehen, ob sich dieser Begriff der Wahl nicht auch in den 8 Punkten wiederfindet. Chemnitz hat diese Punkte später eingetragen, mit welchen aber doch nichts anders gesagt sein kann, als was schon vorher nach dem Bekenntniß zum Begriff der Wahl gehörte, ehe diese 8 Punkte ein Bestandtheil desselben wurden. So bleibt da dieselbe Begriffsbestimmung. Was ist nun der Inhalt des Bekenntnisses in §§ 13—24? Dasselbe sagt, man dürfe nicht blos von dem geheimen Rath Gottes reden: Der und der soll selig werden. Das involvirt doch, daß allerdings ein geheimer Rath Gottes ist, den man auch nicht ganz und gar ausschließen soll, von dem man aber nicht allein und ausschließlich reden, sondern zusehen soll, wie die Schrift von der Wahl redet. So weis't nun auch die Concordienformel vor allem auf die Schrift. Da werden die Stellen Eph. 6., Röm. 8. und Matth 22. angeführt und gelten gleichsam als Ueberschrift alles Folgenden. Nun ist aber in den angeführten Stellen, sonderlich Röm. 8., nur die Rede von den Erwählten, so kann also auch im Folgenden nur die Rede sein von der Berufung, Rechtfertigung, Heiligung rc. der Erwählten; denn Röm. 8. handelt eben nicht von dem allgemeinen Gnadenrathschluß Gottes über alle Menschen, sondern von dem, was Gott an den Erwählten thut. Diese Auserwählten werden freilich auf dieselbe Weise berufen, wie Andere, aber von diesen Andern ist hier nicht die Rede. Das beweis't auch Chemnitz schon durch die Einleitung zu den 8 Punkten in seinem „Enchiridion", in welcher er gleichsam eine Ueberschrift zu denselben gibt. Sie lautet: „Von der Erlösung des menschlichen Geschlechts, von der Berufung, Gerechtmachung rc. der Auserwählten." — Schon durch die Bibelstellen, auf die oben hingewiesen ist, werden nun in der Concordienformel die Punkte angegeben, die hier bei der Wahl ins Gewicht fallen. Eph. 1. wird gezeigt, daß sie in Christo geschehen sei. Röm. 8. wird der Weg beschrieben, wie die Erwählung zu ihrem Ziel kommt. Die im Bekenntniß auch angeführte Stelle Matth. 22. zeigt, wie die Auserwählten auf dieselbe Weise berufen werden, wie die Andern, die nicht selig werden. Man muß nun wohl beachten, daß diese Punkte der Sache nach nicht parallel sind. Nach der offenbaren Schriftlehre hat Gott gewisse Personen erwählt. Diese Personen hat Er in Christo erwählt, und beschlossen, sie durch Berufung, Rechtfertigung, Heiligung hindurch zur Herrlichkeit zu führen. Die Concordienformel beziffert nun aber diese Punkte, in welchen das näher ausgeführt wird, nicht insoferne, als ob jeder derselben in einem gleichen Verhältniß zur Wahl stünde. Mit dem ersten Punkt soll in etwas freierer Weise wiedergegeben werden, was Eph. 1. mit „in Christo" ausgedrückt wird; denn in Ihm allein, dem Erlöser des ganzen menschlichen Geschlechts, ist auch den Auserwählten das Leben verdient. Dieser Punkt steht natürlich in einem andern Verhältniß zur Wahl als die andern Punkte, in welchen dargelegt wird, wie Gott die in Christo Erwählten berufe, rechtfertige, heilige und endlich herrlich mache. Es darf nicht übersehen werden, daß in Punkt 8 ausdrücklich von denen die Rede ist, so er erwählt hat, wie denn auch die Concordienformel bei jedem Glied immer erst, ehe sie weiterschreitet, das Vorhergesagte recapitulirt und daran etwas Weiteres anschließt. Nun wird hier im 8ten Punkt alles vorher Ausgeführte in Summa recapitulirt, ehe der letzte Schluß gemacht wird; aber gerade von Punkt 2 an, der von der Berufung handelt, steht eligit vor „berufen und gerecht gemacht", und wird damit klar gezeigt, von welchen Personen hier allein die Rede ist. Nun folgt § 23, da ausdrücklich nicht nur von der insgemein bereiteten Seligkeit geredet, sondern der Nachdruck auf die endliche Seligkeit der einzelnen Personen der Auserwählten gelegt wird. Daraus sollen nun die Gläubigen Trost schöpfen, darum mit Bedacht hier in § 23 das, was bisher von der ganzen Menge der Auserwählten gelehrt wurde, auf die einzelnen Personen applicirt wird. — Nach dieser Lehrdarstellung erlangen wir einen einheitlichen Begriff der Wahl, der auf alle Stellen des Bekenntnisses paßt. In diesem Begriff liegt nichts Zweideutiges; nur in Einem Sinn ist danach das Wort „Wahl" zu nehmen, nur allein die gläubigen Kinder Gottes gehören hinein, bei welchen die Wahl eine Ursache ihrer Seligkeit ist und dessen, was in der Zeit geschieht, dieselbe zu schaffen, und was dazu gehört. So ist eine schöne Einheit, ein Begriff, bei dem man nichts anderes zu Hülfe zu nehmen braucht.

Zum Schluß seiner Darlegung wies Herr P. Stöckhardt noch darauf hin, wie nicht nur jene Einleitung in Chemnitz's „Enchiridion" für diese Darstellung spreche, sondern auch der von ihm im 2ten Punkte, wo er doch von der Berufung redet, gebrauchte Ausdruck „ewige Kirche", womit er deutlich zeige, daß er eben von der Berufung in Bezug auf die Auserwählten handle, denn diese sind eben die ewige Kirche.

Darauf wurde von Herrn Dr. Walther darauf aufmerksam gemacht, daß statt des gebrauchten Ausdruckes, die Gnadenwahl sei die Ursache der Seligkeit, besser, ja allein richtig sei, zu sagen, die Gnadenwahl sei eine Ursache; denn freilich, so, wie die Opponenten die Wahl verstehen, müssen sie sagen, die Wahl sei die Ursache, denn sie verstehen nichts weiter darunter, als die Lehre vom Weg zur Seligkeit, die Heils- oder Gnadenordnung, oder wie man es nennen mag; die Concordienformel aber, und wir mit ihr, kann von ihrem Begriff der Wahl aus nur sagen: eine Ursache, nämlich neben anderen Ursachen, als da sind: Christus, Gottes Gnade, Wort, Taufe, Abendmahl, die auch Mitursachen sind, daß die Erwählten erhalten werden bis an's Ende.

Vertagt mit dem Gebet des HErrn.

A. Krafft, Secr.

Sechste Sitzung.
Freitag Nachmittag, den 1. October.

Nachdem die Sitzung eröffnet, das betreffende Protokoll vorgelesen und angenommen war, sagte

Pastor Allwardt: Wir müssen uns verwahren gegen die Imputation, als ob wir, wenn wir von der Wahl im weiteren und engeren Sinne reden, damit sagen wollten, die Concordienformel rede bald so, bald so von der Gnadenwahl. Wenn wir sagen: im weiteren Sinne, so wollen wir damit zeigen, was nöthig war, um gewisse Leute auswählen zu können, daß die Concordienformel in einem so weiten Sinne von der Gnadenwahl redet, daß die acht Punkte mit inbegriffen sind.

Prof. Lange: Ich habe den Opponenten nichts imputirt, ich habe nur um eine nähere Erklärung gebeten, ich habe gebeten, die Gegner möchten ihre Sache so mittheilen, daß es möglich werde, einen klaren Einblick in ihre Auffassung zu gewinnen.

Prof. Stellhorn: Bei der Darstellung unserer Auffassung, wie sie gestern von Seiten der Gegner gegeben wurde, nimmt man an, daß bei unserer Auffassung die Personen nicht immer dieselben sind. Aber so sagen wir nicht. Wir lehren: Die voraus bestimmten Personen sind immer dieselben und diese werden nur vorausbestimmt durch den zweiten Theil der Wahl. Der erste bestimmt nichts voraus. Jene acht Punkte bestimmen keine Personen voraus. Man thut uns mit jener Darstellung Unrecht. Wir wiederholen: Der erste Theil der Wahl bestimmt keine Personen, sondern nur die Mittel, den Heilsweg voraus. Haben wir früher einmal gesagt, die Zeitgläubigen seien, so lange sie glauben, zu den Auserwählten zu rechnen, so haben wir nur angeben wollen, wofür wir Menschen sie zu halten haben, nicht, wie sie vor Gottes Augen sind. Wir haben nie gesagt: Die Zeitgläubigen gehören zu den Personen, die §§ 13—24 als vorausbestimmt angegeben sind. Dort ist nur von denen die Rede, die wirklich selig werden.

Dr. Walther: Eben darum sollte gar nicht davon geredet werden, daß die Zeitgläubigen vor Menschen auserwählt seien. Eine solche Rede erzeugt nur Verwirrung. Die Zeitgläubigen sind eben keine Auserwählten. Die Frage, ob die Menschen sie der Liebe nach dafür halten sollen, gehört nicht zu der Lehre von der Gnadenwahl. Es ist ja freilich wahr: Die Apostel haben der Liebe nach Alle für Auserwählte gehalten, an denen sich die Kennzeichen des Glaubens fanden; aber dieses hat nichts mit der Lehre von der Gnadenwahl zu thun.

Prof. Stellhorn: Genau das habe ich gemeint.

Dr. Walther: Das ist aber ganz überflüssig, zu sagen: Uns müssen die Zeitgläubigen für Auserwählte gelten. Das ist nicht die Frage. Die

Frage ist: Wer ist ein Auserwählter? Wenn ich nicht irre, so hat Herr Prof. Stellhorn eben erst bei der Auslegung eines von den acht Punkten auf die Frage, ob die Zeitgläubigen für Auserwählte zu halten seien, geantwortet: Ja, in einem gewissen Sinne. Wenn Sie nur sagen: Die Zeitgläubigen sind keine Auserwählten, so sind wir zufrieden.

Prof. Stellhorn: Ich habe sonst nichts sagen wollen.

Pastor Brauer: Wie die Opponenten den ersten Punkt auslegen, sind die Zeitgläubigen doch Erwählte. Wie die Opponenten diesen Punkt darstellen, bezieht er sich auf alle Menschen, also auch auf die Zeitgläubigen. Sie sind also Auserwählte; aber nur nach dem ersten Theil.

Prof. Crämer: Sie können freilich so reden, weil Sie ja sagen: Der erste Theil handelt nur von den Mitteln der Erlösung. Die Erlösung, die Rechtfertigung geht Alle an, die da glauben, [ob sie zeitweilig oder beharrlich glauben.

Pastor Köstering: Da die beanstandete Aeußerung zurückgenommen ist, so können wir ja zufrieden sein.

Pastor Moll widersprach diesem.

Pastor Allwarbt sagte, indem er sich auf Pastor Brauer's Aeußerung, daß nach der Meinung der Opponenten im weiteren Begriff der Wahl der engere stecke, zurückbezog: Aber doch nicht durch den ersten Theil. Wenn ich von der Wahl im weiteren Sinne rede und sage: Die Wahl im engeren Sinne ist mitgemeint, so heißt das nicht, daß der zweite Theil im ersten liegt.

Prof. Pieper: Wir sind von dem Punkte abgekommen. Es handelt sich um Herrn Prof. Lange's gestrige Aussage hinsichtlich der Darstellung der Gnadenwahl, wie sie von den Opponenten gegeben wird. Prof. Lange hat behauptet, die Aussagen der lieben Brüder über die Gnadenwahl ließen sich gar nicht in einen Begriff vereinigen. Darum seien sie unlogisch. Mir geht es gerade so. Ich kann das, was von ihnen ausgesagt worden ist, auch nicht vereinigen. Einmal heißt es: Die Wahl ist die ordinatio mediorum für Alle, und zum Andern: Die Wahl ist die Bestimmung der einzelnen Personen. Hier fehlt, um mir einen Wahlact denken zu können, eine Hilfslinie. Diese wurde heute Morgen namhaft gemacht. Es ist die praevisio fidei, die Voraussehung des Glaubens. Erst wenn diese hinzukommt, kann man jene beiden Sätze zusammenschließen.

Pastor Moll: Ich weiß nicht, wie ich das verstehen soll. Pastor Allwarbt steht auf und sagt, er halte die Zeitgläubigen für auserwählt. Und jetzt sagt er: Sie gehören zu den Auserwählten, sofern und so lange sie glauben. —

Nachdem hierauf beschlossen war, daß der Präses, wo es nöthig sei, die Macht habe, die gewöhnlichen parlamentarischen Regeln aufzuheben, damit die einzelnen Gegner sich besehen können, sagte

Prof. Stellhorn: Prof. Pieper hat ganz recht. Es ist mir nie in den Sinn gekommen, die Brücke zwischen den beiden Theilen abzubrechen. Ich leugne nicht, daß sie dahin gehört. Ich halte diese Brücke fest.

Prof. Pieper: Nach meiner Ansicht war diese Hilfslinie nöthig, um zu begreifen, daß Sie nur Eine Wahl lehren. Weil diese nothwendige Linie fehlte, war es eine unbillige Forderung, daß wir glauben sollten, Sie lehrten blos Eine Wahl.

Pastor Moll: Ich will meine vorhin unterbrochene Aussprache vollenden. Was ich zu sagen habe, bezieht sich darauf, daß die Opponenten von einer zweitheiligen Wahl gesprochen haben: von einer Wahl im weiteren Sinne, wozu diese acht Punkte gehören, wie sie sagen, und von einer Wahl im engeren Sinne, zu welcher die wahrhaft Auserwählten gehören. Dem wird jetzt widersprochen. Die Opponenten sagen, sie wollen das nicht. Sie lehren immer Eine und dieselbe Wahl. Ich weiß nicht, was die Opponenten meinen.

Pastor Allwardt: Das ist gar nicht die Sache. Pastor Moll sagte, ich hätte hier privatim gesagt, daß ich doch die Zeitgläubigen für auserwählt halte. Die Sache ist diese. Ich hatte gesagt, ich hielte das für recht, was Prof. Stellhorn in Absicht auf die Zeitgläubigen gesagt hatte. Die Rede war davon, ob wir der Liebe nach die Zeitgläubigen für auserwählt halten können. Darauf habe ich gesagt: Das ist recht. Es sind zwei verschiedene Dinge, ob ich sage: Die Zeitgläubigen sind Erwählte, was wir leugnen; oder ob ich sage: Wir sollen sie der Liebe nach für Auserwählte halten, was wir behaupten. —

Hierauf wurde beschlossen, da weiter fortzufahren, wo die Verhandlung heute Morgen abgebrochen wurde.

Dr. Walther: Ich will etwas mir Wichtiges erwähnen. Diesen Morgen ist gesagt worden, eine Aehnlichkeit finde Statt zwischen der Rechtfertigung und der Erwählung. Wie nämlich alle Menschen objectiv gerechtfertigt sind, wie die Gelehrten reden, d. h., der liebe Gott hat in Christo die ganze Welt für erlös't und darum auch für gerecht erklärt; aber wenn ein Mensch selig werden wolle, so müsse er auch subjectiv gerechtfertigt werden, d. h., er müsse nun auch diese Gerechtigkeit mit dem Glauben ergreifen: ähnlich sei es auch bei der Wahl. Dazu sage ich: Daraus kann ich nichts anderes schließen, als daß Prof. Stellhorn entweder gar keine oder eine allgemeine Gnadenwahl habe. Und die letztere liegt eigentlich zunächst vor. Denn die ganze Welt ist objectiv gerechtfertigt. Will ich aber selig werden, so muß dazu kommen die subjective Rechtfertigung, d. h., das Ergreifen der Gerechtigkeit, welche Gott durch die Auferweckung JEsu Christi der ganzen Welt zuerkannt hat. Was wäre das für eine Lehre von der Gnadenwahl? Alle Menschen wären erwählt objectiv. Sollten sie aber selig werden, so müßten sie diese Erwählung ergreifen!

Prof. Stellhorn: Der Vergleichungspunkt ist nicht festgehalten worden. Ich wollte nicht sagen, daß die Bestimmung des allgemeinen Heilswegs und die Prädestination im engsten Sinne, die particuläre Auswahl bestimmter Personen, die unfehlbar selig werden, sich verhalte, wie die subjective und objective Rechtfertigung. Ich wollte dem Einwand begegnen: Wenn die Prädestination so anzusehen ist, wie Du sie fassest, so ist sie ein ganz einfacher Schluß aus der Heilsbestimmung. Was bedarf es da noch einer besonderen Bestimmung? Ich sagte: Es verhalte sich hier ähnlich wie bei der subjectiven und objectiven Rechtfertigung. Da könnte man auch sagen: Wenn alle Menschen objectiv gerechtfertigt sind, was bedarf es dann noch einer subjectiven Rechtfertigung? Aehnlich sei es hier. Ich wollte nicht etwa dieses sagen: Wie bei der objectiven Rechtfertigung alle Menschen gemeint sind und bei der subjectiven die einzelnen, so verhält es sich auch bei der Wahl, daß sich die Wahl im weiteren Sinne über alle erstrecke. Bei der Wahl auch im allerweitesten Sinne sind immer dieselben Personen gemeint.

Dr. Walther: Es ist bedenklich, das mit einander zu vergleichen. Ich glaube, Sie können es; Sie sollten es aber nicht können. Weil Sie sagen: Die Wahl ist nicht anderes, als die richterliche applicatio der allgemeinen Heils- und Gnadenordnung, so folgt, daß Sie im Grunde unter der Prädestination nichts anderes verstehen als dieses: Gott will, daß alle Menschen durch das Wort berufen, zum Glauben gebracht und durch den Glauben selig werden, und dann kommt hinzu, daß Gott Alle, die da glauben, für erwählt erklärt.

Prof. Stellhorn: Ich rede nicht von objectiver und subjectiver Prädestination. Ich wollte nur zeigen, daß es kein Widerspruch sei, anzunehmen, daß es einen besonderen Act Gottes gibt: Prädestination im engsten Sinne, trotzdem, daß die Wahl sich schon ergibt aus der Bestimmung des allgemeinen Heilswegs.

Dr. Walther: Das paßt darum nicht hierher, weil Sie denselben Zustand beschreiben, in welchem sich derjenige vorher befindet, der dem Begriff nach später von Gott erwählt wird. Denn Ihre Lehre ist diese: Wer durch den Glauben die Seligkeit ergriffen und erlangt hat, zu dem spricht dann Gott: Du bist mein Erwählter. Das ist ein gewaltiger Widerspruch. Das ist ja schon geschehen, wovon Sie sagen: Darin besteht die Gnadenwahl. Ich habe es schon. Es ist mir schon zugeschrieben und von Gott selber; denn sobald ich glaube, spricht mir Gott meine Seligkeit zu.

Prof. Stellhorn: Da könnte ich ebenso gut sagen in Absicht auf die subjective Rechtfertigung: Wenn der Mensch die Vergebung der Sünden durch den Glauben ergreift, dann hat er sie. Was braucht er dann noch einen richterlichen Act dafür zu haben?

Dr. Walther: Gar nicht. Wenn ich von objectiver Rechtfertigung rede, will ich nur sagen, daß allen Menschen die Gerechtigkeit erworben ist, nicht aber, daß sie dieselbe zurechnungsweise hätten; aber wenn ich an Christum glaube, habe ich die Gerechtigkeit und Seligkeit. Sie ist mir bereits zugesprochen. Damit Sie auch von der Gnadenwahl reden können, sagen Sie: Dann kommt Gottes richterlicher Act hinzu. Sie wollen sich vor Sich selbst rechtfertigen.

Prof. Stellhorn: Ich meine nicht. Es ist doch sicher so: Wenn Gott uns nicht geoffenbart hätte, es gebe eine subjective Rechtfertigung, dann könnten wir meinen, die subjective Rechtfertigung sei nicht nöthig. Wir könnten dann ganz gut meinen: Wenn der einzelne Mensch durch den Glauben sich die objective Gerechtigkeit zueignet, ist er gerecht. Was bedarf es dann noch eines besonderen richterlichen Actes von Seiten Gottes?

Dr. Walther: Das ist gar nicht wahr, daß, wenn ich durch den Glauben mir die objective Gerechtigkeit zugeeignet habe, ein neuer Act hinzukäme. Der Act ist geschehen. Durch den Glauben habe ich schon die Gerechtigkeit. Gott muß sie mir nicht erst hernach noch insonderheit zusprechen.

Prof. Stellhorn: Ich muß bekennen: Dann habe ich nicht gewußt, was subjective Rechtfertigung ist. Ich habe immer gemeint, die subjective Rechtfertigung sei ein besonderer richterlicher Act Gottes.

Dr. Walther: Die objective Rechtfertigung ist weiter nichts als die acquisitio der justitia oder die Erwerbung der Gerechtigkeit, und die Schenkung von Seiten Gottes ist auch da. Aber was hilft mir das Geschenkte, wenn ich es nicht nehme? Da muß der Glaube hinzukommen. Wenn Gott spricht: Deine Sünden sind dir vergeben (und so hat Gott durch die Auferweckung JEsu Christi zu allen Menschen gesagt), so sieht Jeder: Das hilft mir nichts, wenn ich es nicht glaube und annehme. Es ist mir wohl geschenkt; aber wenn ich nicht zugreife, so habe ich es nicht.

Prof. Stellhorn: Das gebe ich alles zu. Ich meine aber doch und habe immer gemeint, daß die subjective Rechtfertigung ein richterlicher Act Gottes sei, der begrifflich der Schenkung des Glaubens und dem Ergreifen des Verdienstes Christi durch den Glauben folgt.

Dr. Walther: Aber nicht temporell. Beides fällt zusammen. Sobald ich glaube, habe ich, was der Glaube ergreift. Warum? Weil Gott es mir richterlich durch sein Wort zuerkannt hat. Man vergleicht allerdings um der Einfältigen willen die Rechtfertigung mit einem Proceß; aber die einzelnen Handlungen des Processes kommen hier nicht in Betracht. Sobald ich glaube, hat mir Gott meine Sünden richterlich vergeben. Das Wort ist die Hand Gottes, die das Geschenk hinreicht, der Glaube meine Hand, die empfängt, was Gottes Hand mir schenkt. Darum ist mir Ihre Definition von der Prädestination bedenklich.

Prof. Stellhorn: Ich kann die Sache immer noch nicht einsehen. Ich habe bewiesen, was ich beweisen wollte, nämlich, daß dasjenige, was eine einfache Schlußfolgerung zu sein scheint aus einem vorhergehenden

Beschluß Gottes, durch einen besonderen Act dem Einzelnen applicirt werden muß.

Dr. Walther: Wie kann ich das wissen? Ich muß mich daran halten: Gott hat es gesagt. Ich warte nicht auf eine neue richterliche Handlung Gottes. Gott hat es im Voraus gesagt: Wer an Christum glaubt, soll Vergebung der Sünden haben. Sie wollen gerne etwas dazu haben, um Ihre Definition zu retten. Ich glaube, daß hier gar keine Analogie mit der Rechtfertigung zu suchen ist. Denn wenn ich durch den Glauben selig bin, hat Gott schon thatsächlich gethan, wovon Sie sagen, er müsse noch etwas thun. Das kann die Präbestination unmöglich sein.

Prof. Stellhorn: Ich finde nur das angegebene Analogon.

Dr. Walther: Ich zeihe Sie keiner falschen Lehre, sobald Sie sagen: Mein Vergleichungspunkt war ein anderer. Nein, Ihre Definition von der Präbestination greife ich jetzt an. Das ist nichts, wenn Sie sagen, sie bestehe darin, daß, wenn ein Mensch bis an das Ende glaube, nun der liebe Gott noch eine besondere richterliche Handlung verrichte mir gegenüber, und das eben sei die Präbestination. Nein, wenn ich bis an das Ende glaube, dann brauche ich nicht noch einen neuen Beschluß. Ich habe dann den alten Beschluß schon. Der spricht mich selig. Darum ist Ihre Präbestination etwas Ueberflüssiges, etwas, wovon nichts in der Bibel und im Bekenntniß steht.

Pastor Beyer: Kann das überhaupt eine Wahl genannt werden, wenn gesagt wird: Der liebe Gott sehe erst die Leute an als solche, die er gläubig gemacht hat, und nun erwähle er sie durch einen richterlichen Act?

Pastor Allwardt: Es ist gestern schon gesagt worden, wir lehrten keine Gnadenwahl. Das ist der Punkt, auf den ich eingehen wollte. Wir lehren eine Wahl.

Dr. Walther: Ich bestreite das. Sie lehren keine Wahl. Bei Ihrer Darstellung kommt nichts heraus als die Lehre von der Rechtfertigung. Dieser sogenannte richterliche Spruch ist bereits gefällt. Wenn er noch einmal gefällt wird, so ist es dasselbe, was schon vorher geschehen ist. Das gebe ich natürlich bereitwillig zu, daß Gott alle Tage den Christen die Sünden vergibt; aber das ist nicht ein neuer Rathschluß, sondern dasselbe, was bereits vorher geschehen ist.

Pastor Allwardt: Unser Bekenntniß sagt: „Gott hat beschlossen, daß er außer benen, die an Christum glauben, niemand selig machen wolle." Das sehe ich nun an als eine Regel, nach welcher Gott die Menschen selig machen wolle.

Dr. Walther: Das erkenne ich nicht an, wenn Sie dies zur Regel der Wahl machen.

Pastor Allwardt: Ich sehe dieses für eine allgemeine Regel an, nach welcher Gott beschlossen hat, die Menschen selig zu machen. Damit ist nicht ausgesprochen, welches die Personen sind. Der Unterschied ist daher dieser: Wir glauben, Gott hat nach einer bestimmten Regel erwählt, nicht nach einem absoluten und uns unkenntlichen Willen. Er hat beschlossen, nur diejenigen selig zu machen, welche er in der Zeit durch das Evangelium zum Glauben bringen würde. Die erwählten Personen sind solche, die glauben würden, und die wirkliche Erwählung ist vermittelt durch die Vorhersehung, das heißt, Gott hat von Ewigkeit gewußt, welche Personen glauben würden, und er hat eben diese Personen aus den anderen auserwählt, zum ewigen Leben verordnet. Diese sind erwählt nicht um des Glaubens, sondern um Christi willen. Das Evangelium wird Allen gepredigt. Gott will wirklich, daß dadurch Alle zum Glauben kommen. Er will durch sein Wort kräftig sein. Unser Bekenntniß leugnet, daß Gott bei einigen Personen etwas zum Wort hinzukommen lasse, um es wirksam zu machen. Durch das Wort geschieht es, daß man zum Vater kommt. Der Heilige Geist ist bei diesem Wort. Er will durch sein Wort Alle zum Glauben bringen. Das ist sein Wille von Ewigkeit her. Gott aber hat von Ewigkeit vorausgesehen, wie es in der Zeit geschieht. Unser Bekenntniß sagt: „Viele verstocken ihr Herz." Gott kann sie also nicht bekehren. Er kann sie nicht zum Glauben bringen. Die hat er nicht erwählt. Er hat nur diejenigen erwählt, deren Glauben er vor Grundlegung der Welt voraussah, also nur diejenigen, die durch den Glauben gerechtfertigt sind.

Dr. Walther: Sie haben mich nicht befriedigt. Sie haben mir keinen Aufschluß gegeben über die Definition des Hrn. Prof. Stellhorn. Wenn Sie sagen: Der liebe Gott sieht voraus, welche Leute den seligmachenden Glauben haben würden, darum wird er sie selig machen, das hat er beschlossen, — so ist das nichts weiter, als daß Gott seine Verheißung hält. Denn im Evangelium hat er es verheißen: Wer an Christum glaubt, wird selig. Daß er das hält und vorausweiß, ist keine Wahl. Das ist Treue und Wahrhaftigkeit von Seiten Gottes.

Pastor Allwardt: Es freut mich, daß das so ausgesprochen wird. Wir lehren allerdings eine Wahl. Wir sagen: Die Wahl ist das, daß Gott die herausnimmt, deren Glauben er voraussah, nach dem Wort der Schrift: Der HErr kennet die Seinen. Wir leugnen aber, daß die Gnadenwahl mehr sei, das heißt, daß da dem Menschen eine Gnade zugesprochen wird, die wir nicht im Evangelium haben. Wer das Evangelium hat, hat es gar Alles, also auch die Wahl. Die Gnadenwahl soll das Evangelium nicht erst wirksam machen.

Pastor Frederking: Ich habe mich zu den Opponenten bekannt. Darum muß ich einige Worte sagen. Ich habe auch gleich dabei erklärt, daß ich den 5ten und auch den 8ten Paragraphen ohne Deutelei von der Personenwahl auslege. Wenn gesagt wird, daß diese Wahl die Ursache der Seligkeit sei, so glaube ich allerdings, daß Gott von Ewigkeit her gerade diese Personen in seine Hand genommen hat und daß, wenn er das nicht gethan hätte, sie nimmermehr zum Glauben kommen und darin blei=

ben würden. Wenn also die Schrift von der Gnadenwahl redet, so t
sie uns diese Handlung Gottes doch so vorstellen, daß Gott von Ewig
her an diese Personen gedacht und sie in seinen sonderlichen Schutz u
Schirm genommen hat.

Pastor Herzer: Ich wollte darauf aufmerksam machen, daß m
nicht von einem Punkt zum andern springen möge. Wir wollen bei
Frage stehen bleiben. Die Frage ist, ob die von den Opponenten gegebe
Definition der Gnadenwahl richtig ist?

Pastor Zorn: Ich wollte nur ganz kurz dieses sagen: Das ist
Punkt, bei dem wir stehen. Prof. Stellhorn hat nicht geantwortet, Pa
Allwardt hat geantwortet. Es hat mich betrübt, daß er nicht einfach
sagt hat: Das ist meine Stellung, sondern daß er uns eine ganz scheußli
Lehre imputirt hat, daß wir nämlich lehrten, es müsse noch eine besond
Kraft zu der Berufung hinzukommen, weil wir so von der Prädestinati
reden, wie bisher geschehen ist.

Prof. Stellhorn: Wäre es nicht nach der vorhin festgesetzten Re
an der Zeit, daß Pastor Allwardt sich erklärte?

Dr. Walther: Es sollte Pastor Allwardt erlaubt werden, auf
Rede Pastor Zorn's zu antworten.

Pastor Allwardt: Ich kann mir diesen Vorwurf Pastor Zorr
nicht erklären. Dr. Walther hatte gesagt, unsere Lehre sei weiter nich
als daß Gott seine Verheißung erfülle, und darauf hatte ich gesagt, b
Gott vorausgesehen habe, welche glauben würden, und daß er diese erwäl
habe. Ich habe den Vorwurf nicht verdient.

Pastor Beyer: Glauben Sie, Hr. Pastor Allwardt, daß wir eine a
solute Gnadenwahl lehren?

Pastor Allwardt: Ich habe gesagt: Ich weiß nicht, wie man die
Annahme entgehen könnte, wenn man nicht annähme, daß Gott den Erfc
seines Wortes vorausgesehen habe. Lehren nicht die Brüder auf der a
deren Seite, daß gewisse Personen in Folge der Vorherbestimmung zu
Glauben kommen? Muß also nicht insofern jene besondere Kraft hin;
kommen, nämlich zum Wort? —

Nachdem hier einige persönliche Erklärungen abgegeben waren, kehi
man zu dem eigentlichen Punkt zurück.

Dr. Walther: Ich bleibe dabei: Man gebe mir Aufschluß, ob ni
Hrn. Prof. Stellhorn's Definition im Grunde nichts anderes ist, als b
allgemeine Gnadenrathschluß, wenn er nämlich definirt, die Gnadenwa
sei die auf die Voraussehung Gottes gegründete richterliche applicatio b
allgemeinen Heilswegs. Wenn das die Prädestination ist, weiß ich kein
Unterschied zwischen der Rechtfertigung und der Gnadenwahl.

Prof. Stellhorn: Wenn ich Hrn. Dr. Walther recht verstehe, so
sein Einwand der: Bei unserer Auffassung von der Gnadenwahl sei e
besonderer richterlicher Act Gottes nicht nöthig; denn nach unserer At

faſſung würde ſich der ſchon als einfache Schlußfolgerung aus dem Vorhergehenden ergeben. Darauf habe ich ſchon vorhin geſagt, daß das nicht ſo iſt, wenn es auch ſo ſcheint. Es iſt genau ſo wie bei den beiden Rechtfertigungen. Bei der objectiven Rechtfertigung könnte es auch ſcheinen, als ob die ſubjective Rechtfertigung als beſonderer richterlicher Act Gottes überflüſſig wäre. Da könnte man ſagen: Wenn es wirklich wahr iſt, daß Gott die Menſchen objectiv gerechtfertigt hat, wozu iſt da noch die ſubjective Rechtfertigung als beſonderer richterlicher Act Gottes nöthig? Und doch gibt es einen ſolchen beſonderen richterlichen Act Gottes. Gerade ſo iſt es hier. Und nur darin iſt die Analogie. Wie es trotz der objectiven Rechtfertigung auch die ſubjective Rechtfertigung gibt, gerade ſo iſt es auch hier. Es ſcheint ſo, daß es, wenn Gott einen ſolchen Heilsweg beſtimmt hat, keines beſonderen Actes von Seiten Gottes bedürfe, daß er es dabei hätte laſſen können. Aber es ſcheint nur ſo, denn die Präbeſtination im engſten Sinne beſteht dann darin, daß Gott die Beſtimmungen des allgemeinen Heilswegs auf die Einzelnen richterlich applicirt.

Prof. Crämer: Der langen Rede kurzer Sinn iſt allerdings dieſer: Da Gott vorausgeſehen hat, dieſe und jene würden an Chriſtum glauben, ſo hat er ſie dann erwählt.

Paſtor Fick: Nach dieſer Definition Hrn. Prof. Stellhorn's iſt die Gnadenwahl weiter nichts als ein bloßes Vorauswiſſen Gottes. Es wird dadurch eigentlich die Gnadenwahl in ihrem ſpecifiſchem Sinne vollkommen aufgehoben. Was von dem richterlichen Act Gottes, der darin beſtehen ſoll, daß die im Glauben Gebliebenen erwählt ſeien, geſagt worden iſt, iſt ohne Grund der Schrift, aus der Luft gegriffen, ſtimmt nicht mit der Concordienformel.

Paſtor Buszin: Es ſind nun faſt 25 Jahre her, daß ich durch das Evangelium zum Glauben gekommen bin. Ich habe aber das ſubjective Urtheil Gottes noch nicht vernommen. Was iſt dieſes für ein Urtheil?

Dr. Walther: Es iſt hier nicht die Rede von einem ſubjectiven Urtheil, ſondern von einem beſonderen richterlichen Act Gottes in der ſubjectiven Rechtfertigung. Da ſage ich: Die objective Rechtfertigung iſt ebenſowohl ein richterlicher Act Gottes, wie die ſubjective Rechtfertigung. Durch die Auferweckung JEſu Chriſti hat Gott ein richterliches Urtheil geſprochen; aber die Welt hat es nicht anerkannt. Sobald ich im Glauben die mir zugeſprochene Rechtfertigung annehme, ſo habe ich ſie. Ich frage: Wie kann man das eine Wahl nennen, wenn gelehrt wird, Gott habe vorausgeſehen, daß gewiſſe Leute bis an das Ende im Glauben bleiben würden, und nun, nachdem er das vorausgeſehen habe, habe er beſchloſſen: Die ſollen ſelig werden. Wenn die Wahl weiter nichts ſein ſoll, als daß Gott bei ſeinem Rathſchluß bleibt: Alle, die bis an das Ende glauben, ſollen ſelig werden, ſo gibt es keine Wahl. Dadurch iſt Niemand erwählt. Man kann dann höchſtens ſagen: Gott widerruft das nicht.

Paftor **Rohe** verlas hierauf die Definition von Wandalinus, die im Synodalbericht vom Jahre 1877 enthalten ist, und bemerkte, „daß diese dort vortrefflich genannt werde, er bekenne sich dazu."

Dr. **Walther**: Dann gehören Sie zu uns. Hier steht kein Wort davon, daß Gott erwähle auf Grund des vorausgesehenen Glaubens. Wir sind nicht solche Narren, die da sagen, diejenigen seien auserwählt, von denen er voraussah, sie würden nicht glauben. Darin sind wir nicht verschieden. Wir erklären den Glauben für gerade so nothwendig wie Sie. Es gibt keinen andern Weg zur Seligkeit, keine andere Gnadenordnung, keinen anderen Heilsrathschluß. Aber das sagen wir: Nicht auf G'rund dessen, was Gott in dem Menschen vorausgesehen hat, hat er ihn erwählt, weil unser Bekenntniß erklärt, es gebe nur zwei Ursachen der Wahl, nämlich die Barmherzigkeit Gottes und das Verdienst Christi. Jene Definition ist köstlich, namentlich für die Schulen. Der Schullehrer wäre ein Narr, der die kleinen Kinder in die Geheimnisse der Gnadenwahl einweihen wollte. Der soll die Auserwählten nur beschreiben und da sagt man: Die Auserwählten sind diejenigen, die bis an das Ende glauben. Wer aber sagt: Darum, weil sie glauben, sind sie erwählt, der lehrt nicht lutherisch. Unsere alten Theologen, insonderheit Luther, und auch diejenigen, die die Opponenten für ihre Gewährsmänner erklären, haben immer gesagt: Wenn man lehrt: Um des Glaubens willen seien sie erwählt, so ist das Synergismus und Pelagianismus. Als einst Huber dem Hunnius den Vorwurf machte, er lehre. um des Glaubens willen seien die Menschen erwählt, so antwortete dieser: Nein, so lehre ich nicht. Das wäre offenbarer Pelagianismus.

Paftor **Rohe**: Man muß aber das „intuitu fidei" festhalten. Darauf kommt mir alles an. Wenn ich sage: intuitu fidei sei die Auswahl geschehen, so will ich nicht sagen: Um ihres Glaubens willen, sondern ich will sagen: Um des durch ihren Glauben ergriffenen Christus willen, nicht um des am Kreuze gehangenen Christus willen, ohne daß er durch den Glauben ergriffen worden ist.

Dr. **Walther**: Ich bin um des durch den Glauben ergriffenen Christus willen selig. Wo steht aber, daß wir um deswillen erwählt sind? Wo steht in der vorgelesenen Definition „intuitu fidei"? Es heißt: „Vorausgesehen". Gott sieht alles voraus. Gott sieht auch die Gläubigen als solche voraus.

Paftor **Rohe**: In diesem Wort ist das „intuitu fidei" eingeschlossen. Es soll gesagt werden: Gott habe beschlossen, alle diejenigen Menschen selig zu machen, von denen er voraussah, daß sie bis an das Ende glauben würden.

Dr. **Walther**: Hier werden nur die Objecte beschrieben, aber nicht der Grund. Die Stelle zeigt nur, daß Gott das vorausgesehen und daß keine Anderen auserwählt seien, als diejenigen, von denen er dieses vor=

ausgesehen hat. Sie wissen: Wir haben nie anders gelehrt. Wir haben schon vor 30 Jahren erklärt: Wenn man sagt: Gott hat die erwählt, von welchen er voraussah, daß sie bis an das Ende glauben würden, so ist das richtig. Sobald man aber sagt: Er hat sie erwählt, weil er voraussah, daß sie bis an das Ende glauben würden, so ist das falsch. Das „intuitu fidei" ist ein unglücklicher Ausdruck. Man denkt dabei leicht an einen Beweggrund. Es gibt hier keinen andern Beweggrund als die zwei im Bekenntniß genannten. —

Vertagt mit dem Gebet des HErrn.   J. G. Nützel, Secr.

Siebente Sitzung.

Sonnabend Vormittag, den 2. October.

Die Sitzung wurde mit einem liturgischen Gottesdienst begonnen und darnach das Protokoll der 6ten Sitzung verlesen und nach den nöthigen Verbesserungen angenommen. Hierauf ergriff

Dr. Walther das Wort und sprach: Wir sind noch nicht mit der Beurtheilung der uns vorgelegten Definition von „Gnadenwahl" zu Ende gekommen. Sie lautete bekanntlich so: Die Wahl sei eine auf die Voraus=sehung Gottes gegründete, richterliche Application des allgemeinen Heils=wegs. Ich gebe gern zu, daß diese Definition sehr vernunftgemäß ist; aber sie ist nicht bekenntnißgemäß, sondern durchaus bekenntnißwidrig. Ja, ich sage, daß selbst die Theologen des 17ten Jahrhunderts, welche den 2ten Tropus sich angeeignet haben, diese Definition nicht unterschreiben würden; doch kommt auf das Letztere wenig oder nichts an, aber auf das Erstere Alles. Denn wir wollen uns lediglich zu der Lehre von der Gnadenwahl bekennen, welche wir in unserem Bekenntniß finden. Für bekenntnißwidrig halte ich 1. die Angabe des Grundes, wenn es heißt: „eine auf die Voraussehung Gottes gegründete". Denn Grund ist nichts anderes als Ursache, wie denn z. B., nicht in Absicht auf die Gnadenwahls=lehre, sondern im Allgemeinen Baier „Grund" folgendermaßen definirt:*) „Grund ist die Ursache, warum das, welches begründet wird, sei- oder sein könne." Das Bekenntniß sagt aber das Gegentheil davon, daß das Vor=aussehen Gottes der Grund der Wahl sei. So lesen wir in der Epitome S. 557. §§ 20. 21: „Item, daß nicht allein die Barmherzigkeit Gottes und das allerheiligste Verdienst Christi, sondern auch in uns eine Ursache sei der Wahl Gottes, um welcher willen Gott uns zum ewigen Leben er=wählet habe", und es wird sogar hinzugesetzt, indem sich das Bekenntniß auf die drei vorausgehenden Irrthümer bezieht: „Welches alles lästerliche und erschreckliche irrige Lehren sein, dadurch den Christen aller Trost ge=nommen, den sie im heiligen Evangelio und Gebrauch der heiligen Sacra=

---

*) Compendium theol. pos. I, 29.

mente haben, und derwegen in der Kirchen Gottes nicht sollten gebuldet werden." Also nicht nur sagt hier das Bekenntniß, daß allein die Barmherzigkeit Gottes und das allerheiligste Verdienst Christi und nichts Drittes Grund und Ursache der Wahl sei, sondern es gibt auch den Grund an, warum wir Lutheraner allein diese beiden Ursachen anerkennen. Grund ist, weil sich sonst die Christen nicht der Gnadenwahl getrösten können. Denn wenn Gnadenwahl blos das ist, daß Gott Etwas in uns vorausgesehen hat und dadurch bewogen worden ist, uns zu erwählen, wie können wir uns dann derselben trösten? Denn er weiß es allein, wir wissen es nicht. Dann hilft uns das gar nichts. Denn wir können immer denken: Gott weiß es voraus, vielleicht weiß er, daß ich verdammt werde, oder selbst wenn er weiß, daß ich selig werde, so weiß doch ich es nicht. Also wird durch diese Lehrart aller Trost genommen, der in der Gnadenwahl liegt. — Man nehme dazu gleich noch S. 724. § 91. Da heißt es: „Demnach, welcher die Lehre von der gnädigen Wahl Gottes also führet, daß sich die betrübten Christen derselben nicht trösten können, sondern dadurch zur Verzweifelung verursachet, oder die Unbußfertigen in ihrem Muthwillen gestärket werden: so ist ungezweifelt gewiß und wahr, daß dieselbige Lehre nicht nach dem Wort und Willen Gottes, sondern nach der Vernunft und Anstiftung des leidigen Teufels getrieben werde." Wir sehen ja aus Luther, daß zu seiner Zeit die Leute deswegen meistens in große, schreckliche Anfechtungen gekommen sind, Luther selbst bis zu wahrem Todesringen, weil sie immer nur dachten: Gott weiß voraus, wie es mit mir wird, also mein Schicksal ist bestimmt. Weiß er voraus, ich gehe verloren, so kann das Niemand ändern, ich selbst am allerwenigsten, da muß ich verzweifeln. Viele sind auch wirklich verzweifelt, und Luther stand am Rande der Verzweiflung. Wenn er nun solche Angefochtene hatte, so sagte er: Ja, das muß man freilich zugeben, daß Gott alles voraus weiß, auch wer selig wird und wer nicht. Aber der Teufel ist es, der dich darauf führt, dich daran zu hängen. Dieses Vorauswissen ist dir nicht geoffenbart im Wort. Halte dich an's Wort und bekümmere dich nicht um Gottes Vorauswissen. Gott hat dich an's Wort gewiesen, wenn du wissen willst, ob du ein Auserwählter seist. Er hat nicht gesagt: Frage mich (etwa einmal des Abends im Gebet), ich will dir's dann sagen, weil ich's vornweg weiß. — In unsern Synodalberichten sind darüber genug Zeugnisse, auf die ich aber jetzt nicht eingehen will; denn wir müssen uns vielmehr zu den Bekenntnißschriften halten, die sind unser gemeinsames Princip. Haben Zwei, die mit einander disputiren, kein gemeinsames Princip, so kann nichts anderes folgen als die größte Verwirrung. Sie verstehen einander nicht, und wenn sie einander verstehen, so werden sie oft in den Fehler einer petitio principii fallen, d. h., sie führen zu beweisende Sätze als Beweissätze auf. Es wird mich Niemand so verstehen, als wollte ich dem lieben Herrn Prof. Stellhorn solche Thorheit beimessen. Es ist blos eine allgemeine Bemerkung.

Wir müssen erst darüber einig werden: Was ist Gnadenwahl? dann wollen wir uns beiderseits darnach beurtheilen. Denn kommen wir nicht überein in dem, was Gnadenwahl ist, dann ist es vergeblich, daß wir die andern Sachen besprechen. Denn Jeder beurtheilt dann die anderen Einzelheiten nach einem anderen Princip. Dafür, daß es bekenntnißwidrig ist, das Vorauswissen Gottes zum Grund und zur Ursache der Wahl zu machen, führe ich noch eine Stelle an S. 723. § 88. Da heißt es: „Darum es falsch und unrecht (cum verbo Dei pugnat), wann gelehret wird, daß nicht allein die Barmherzigkeit Gottes und allerheiligst Verdienst Christi, sondern auch in uns eine Ursach der Wahl Gottes sei, um welcher willen Gott uns zum ewigen Leben erwählet habe. Denn nicht allein, ehe wir etwas Gutes gethan, sondern auch, ehe wir geboren werden, hat er uns in Christo erwählet, ja, ehe der Welt Grund geleget war, und auf daß der Fürsatz Gottes bestünde nach der Wahl, ward zu ihm gesagt, nicht aus Verdienst der Werke, sondern aus Gnaden des Berufers, also: Der Größte soll dienstbar werden dem Kleinern. Wie davon geschrieben stehet: Ich habe Jakob geliebet; aber Esau habe ich gehasset. Röm. 9. Gen. 25. Maleachi 1." Aber ich greife nicht nur an, daß in der angezeigten Definition gesagt wird, die Wahl sei gegründet auf die Voraussehung Gottes, sondern die Beschreibung der Beschaffenheit der Wahl, wenn es heißt, sie sei eine richterliche Application des allgemeinen Heilswegs. Nach unserm Bekenntniß ist sie vielmehr eine Ursache des Heils, eine Verordnung zum Heil, ein Bringen zum ewigen Leben, ein Theilhaftigmachen der Seligkeit, participem facere. Dazu vergleiche man S. 705. § 8: „Die ewige Wahl Gottes aber siehet und weiß nicht allein zuvor der Auserwählten Seligkeit, sondern ist auch aus gnädigem Willen und Wohlgefallen Gottes in Christo JEsu eine Ursach, so da unsere Seligkeit, und was zu derselben gehöret, schaffet, wirket, hilft und befördert; darauf auch unsere Seligkeit also gegründet ist, daß die Pforten der Höllen nichts darwider vermögen sollen, wie geschrieben stehet: Meine Schafe wird mir niemand aus meiner Hand reißen. Und abermals: Und es wurden gläubig, so viel ihr zum ewigen Leben verordnet waren." Also, sie ist keineswegs eine bloße Application des Heilswegs, sondern vielmehr dasjenige, wodurch uns Gott auf den Heilsweg bringt, darauf erhält und in die Herrlichkeit einführt. Sie bringt uns dahin; denn es heißt nicht blos: „so da unsere Seligkeit wirkt" 2c., sondern auch: „was zu derselben gehört". Hier ist nicht von der Erwerbung die Rede. Es muß vielmehr von der Erwerbung gesagt werden, daß sie der Grund sei für die Wahl. — Aus gnädigem Wohlgefallen JEsu Christi sei sie geschehen, heißt es, d. h., auf Grund der Erwerbung des Heils ist nun die Wahl die Ursache unserer Seligkeit und alles dessen, was dazu gehört. — Natürlich gehört vor allen Dingen der Glaube dazu, wenn ich die Seligkeit erlangen will; daher benn auch zum Schluß die Stelle angeführt wird, Ap. Gesch. 13, 48., von der mehrere

Theologen, die den 2ten Tropus lehren, gesagt haben, sie gehöre gar nicht hierher, sie handle gar nicht von der Gnadenwahl (z. B. Quenstedt). Hingegen sagt Balthasar Meisner, freilich gehöre sie hierher, unser Bekenntniß führe sie ja auch an. So sind sie eben nicht mit einander einig. Darum sage ich: Die vorgelegte Definition ist nicht bekenntnißmäßig, sondern bekenntnißwidrig; denn sie sagt, die Application des Heilsweges sei nur eine richterliche Handlung Gottes, nicht eine schaffende, wirkende, fördernde, helfende. Nur eine richterliche, d. h., erst nachdem im Menschen geschehen ist, was geschehen soll, tritt Gott ein und spricht das richterliche Urtheil: Der soll selig werden. Nach dieser Definition hat die Gnadenwahl mit dem Schaffen der Seligkeit selbst nichts zu thun, sondern diese Definition setzt das Schaffen der Seligkeit, das Bekehrtsein voraus. — Ferner vergleichen wir hierzu Seite 708. § 23, wo es heißt: „Und hat Gott in solchem seinem Rath, Fürsatz und Verordnung nicht allein ingemein die Seligkeit bereitet (procuravit), sondern hat auch alle und jede Personen der Auserwählten, so durch Christum sollen selig werden, in Gnaden bedacht, zur Seligkeit erwählet, auch verordnet, daß er sie auf die Weise, wie jetzt gemeldet, durch seine Gnade, Gaben und Wirkung darzu bringen, helfen, fördern, stärken und erhalten wolle." Dieser Satz fängt an mit den Worten: „Und zwar" (et quidem), um anzuzeigen: Darauf kommt's vor allen Dingen an, daß man das erkenne und festhalte, daß die Wahl eben nicht eine bloße Application sei, sondern eine Verordnung, ein decretum, sich gründend auf ein propositum, das gewiß geschehen soll, wie das unsere lieben Brüder auf der Gegenseite — zu ihrer Ehre sei es gesagt — bereits zugestanden haben; ja, hier sei von denen die Rede, die unfehlbar selig werden. Aber die lieben Brüder mögen bedenken, ob sie, wenn sie sich dieses Geständniß aufrichtig machen, dann ihre Position länger innehalten können. Ach, wenn doch der liebe Gott gäbe, daß sie darüber Licht bekämen! Aber Luther sagt, das Stündlein sei nicht immer da. Gott hat einem Jeden Zeit und Stunde bestimmt, wo er ihn zum Licht bringt. Laßt uns beten, laßt uns seufzen Tag und Nacht zu Gott, daß er unsere theuren Brüder nicht in ihrer Gegenstellung gegen uns lasse; denn wir stehen alle auf Einem Grunde, Gott Lob! aber sie glauben, wir stehen auf einem falschen. Ich bin überzeugt, wenn sie sehen, wir stehen auf dem Grunde unseres Bekenntnisses, werden sie uns wieder die Hände reichen. Denn ich traue ihnen gar keine Unredlichkeit und Unlauterkeit zu, Gott soll mich in Gnaden vor solchem Herzensgericht bewahren. Aber sie können's nicht erkennen. Wir hinwiederum können's nicht erkennen, daß sie recht stehen, und sind lebendig überzeugt, daß wir auf dem Bekenntniß stehen. — Ein zweiter Grund, warum die Beschreibung der Beschaffenheit der Wahl nicht bekenntnißgemäß ist, ist mir dieser, weil nach unserem Bekenntniß die Gnadenwahl sonderlich dazu dient, daß, wenn wir im Glauben stehen, wir den Glauben nicht verlieren, sondern bis an's Ende behalten, während die

Application das vorausſetzt, daß der Menſch den Glauben nicht verloren hat, ſondern darin beharrt bis an's Ende. Daß aber nach unſerem Bekenntniß die theure, ſeligmachende Gnadenwahl hilft, daß wir im Glauben bleiben bis an's Ende, darin beſteht vor allen Dingen der Troſt. Nicht darin beſteht er, daß wir durch den Glauben ſelig werden; dann wäre es derſelbe Troſt, den wir in Gottes Wort, im Evangelium, in Chriſti Verdienſt, kurzum in allen Heils= und Gnadenmitteln finden. Wir fragen hier nach dem beſonderen Troſt, der gerade in dieſer Lehre liegt. Der beſteht darin, daß ein armer Sünder (der über ſeine Sünde tief bekümmert iſt, aber weil er an ſeinen HErrn JEſum glaubt und will bei ihm bleiben, will ſich nichts von ihm trennen laſſen, ſich allein auf ſein Erbarmen verlaſſen und auf Nichts in ihm ſelbſt) zu ſich ſagt: Der dich erwählt hat, wird auch dafür ſorgen, daß du in der Gnade bleibſt und den Glauben nicht verlierſt. — Man höre z. B. S. 714. §§ 45—47. Da heißt es: „Es gibt auch alſo dieſe Lehre den ſchönen herrlichen Troſt, daß Gott eines jeden Chriſten Bekehrung, Gerechtigkeit und Seligkeit ſo hoch ihm angelegen ſein laſſen, und es ſo treulich damit gemeinet, daß er, ehe der Welt Grund geleget, darüber Rath gehalten und in ſeinem Fürſatz verordnet hat, wie er mich dazu bringen und darinnen erhalten wolle. Item, daß er meine Seligkeit ſo wohl und gewiß habe verwahren wollen, weil ſie durch Schwachheit und Bosheit unſers Fleiſches aus unſern Händen leichtlich könnte verloren, oder durch Liſt und Gewalt des Teufels und der Welt daraus geriſſen und genommen werden, daß er dieſelbige in ſeinem ewigen Vorſatz, welcher nicht feilen oder umgeſtoßen werden kann, verordnet und in die allmächtige Hand unſers Heilandes JEſu Chriſti, daraus uns Niemand reißen kann, zu bewahren geleget hat, Joh. 10., daher auch Paulus ſagt Röm. 8.: Weil wir nach dem Fürſatz Gottes berufen ſind, wer will uns ſcheiden von der Liebe Gottes in Chriſto?" Alſo, die Concordienformel redet hier von einem Menſchen, der ſchon im Glauben ſteht und nun darüber Angſt hat: Ja, ich ſtehe im Glauben, habe Vergebung der Sünden und damit das ewige Leben, werde ich ſie aber nicht verlieren? Wie bös und muthwillig iſt mein Fleiſch, wie tief das Verderben meines Herzens, wie verlockend die Welt, wie liſtig der Teufel! werde ich denn ausharren bis ans Ende? Da ſagt unſere theure Concordienformel: Sieh, da haſt du einen Troſt, das iſt die Gnadenwahl. Gott hat damit deine Seligkeit aus deiner Hand ganz genommen und hat ſie in ſeine eigenen Hände genommen. — Inſonderheit iſt hier mit hervorgehoben (§ 46): daß der Vater meine Seligkeit in ſeinem ewigen Vorſatz, welcher nicht fehlen oder umgeſtoßen werden kann, verordnet und in die allmächtige Hand (der zweiten Perſon der heiligen Dreieinigkeit nämlich), unſers Heilandes JEſu Chriſti, zu bewahren gelegt hat, daraus uns Niemand reißen kann. Joh. 10. — Wenn ſich aber Gott, wie es hier heißt, etwas, nämlich unſere Seligkeit, vorſetzt, ſo führt er es auch aus. Wir ſetzen uns wohl viel vor, aber wir führen's nicht aus. Wir haben gestern schon gehört: Gott will vieles vom Menschen, und der Mensch thut's doch nicht. Aber wenn Gott sich etwas vorsetzt, führt er's aus, und alle Teufel in der Hölle können es nicht hindern. Nun frage ich: Wird durch jene Definition nicht dieser Trost genommen? Wenn Gnadenwahl weiter nichts ist als eine richterliche Application des Heilsweges auf die Auserwählten, so geht der in §§ 46 und 47 angeführte Trost verloren. — Ich habe schon bei anderer Gelegenheit darauf aufmerksam gemacht, daß sich der lateinische Text in § 47 noch schärfer ausdrückt: „Ideo Paulus certitudinem beatitudinis nostrae super fundamentum propositi divini exstruit, cum ex eo, quod secundum propositum Dei vocati sumus, colligit, neminem nos posse separare a dilectione Dei, quae est in Christo Jesu, Domino nostro." D. i.: „Daher baut Paulus die Gewißheit unserer Seligkeit auf den Grund des göttlichen Vorsatzes, wenn er nämlich daraus, daß wir nach dem Vorsatz Gottes berufen sind, auch dies schließt, daß uns Niemand scheiden könne von der Liebe Gottes, die da ist in Christo JEsu, unserm HErrn." Es ist also durchaus falsch, wenn man sagt (was ich aber Herrn Prof. Stellhorn nicht imputire): Ja, Gott will wohl auf seiner Seite thun, was nöthig ist, aber wir müssen auch das Unsrige thun, und da sollen wir bedenken, daß wir Teufel, Welt und Fleisch um und an uns haben. Gerade im Gegentheil sagt die Concordienformel, die Gnadenwahl tröste uns wider die Anfechtungen von Teufel, Welt und Fleisch. Man beachte ferner S. 724. § 90. Im Vorhergehenden hat es geheißen: „Desgleichen gibt diese Lehre Niemand Ursach weder zur Kleinmüthigkeit noch zu einem frechen, wilden Leben, wenn die Leute gelehret werden, daß sie die ewige Wahl in Christo und seinem heiligen Evangelio, als in dem Buch des Lebens, suchen sollen, welches keinen bußfertigen Sünder ausschleußt, sondern zur Buße und Erkenntniß ihrer Sünden und zum Glauben an Christum alle arme, beschwerte und betrübte Sünder locket und rufet, und den Heiligen Geist zur Reinigung und Erneuerung verheißet, und also den allerbeständigsten Trost den betrübten, angefochtenen Menschen gibt", (nun kommt das Wort, auf das ich mich beziehe:) „daß sie wissen, daß ihre Seligkeit nicht in ihrer Hand stehe: sonst würden sie dieselbige viel leichtlicher, als Adam und Eva im Paradies geschehen, ja alle Stunden und Augenblick verlieren; sondern in der gnädigen Wahl Gottes, die er uns in Christo geoffenbaret hat, aus des Hand uns Niemand reißen wird, Joh. 10. 2 Tim. 2." Man bedenke wohl! Hier wird behauptet und gelehrt, daß wir unserer Seligkeit viel gewisser sind, als Adam und Eva im Stande der Unschuld. Die konnten fallen, wir auch, das ist wahr. Aber wer ein Auserwählter ist, den bringt Gott ganz gewiß zur Seligkeit. Es ist unmöglich, daß ein Auserwählter verdammt werden kann. Wie denn unser lieber Heiland ausdrücklich sagt, es würden in der letzten Zeit falsche Propheten kommen, Zeichen und Wunder thun und Viele verführen, so daß verführt würden in den Irrthum, wo es möglich wäre, auch die Auserwählten. Also, daß wir erwählet sind, macht uns unserer Seligkeit um so viel gewisser als Adam und Eva, während wir sonst dieselbige viel leichtlicher, als Adam und Eva im Paradies geschehen, ja alle Stunden und Augenblicke verlieren müßten. Da wissen wir also ganz gewiß: Wir sollen selig werden und wir werden selig werden. So schrecklich das Vielen in die Ohren klingt: es ist die sonnenhell geoffenbarte Lehre des göttlichen Worts, wozu sich auch unser Bekenntniß in § 90 bekennt: Wir würden verloren gehen, wenn die Gnadenwahl nicht wäre, wenn der liebe Gott nicht unsere Seligkeit in seine Hand genommen hätte. Dies hat auch Hr. Past. Allwardt bekannt: Gott hat sie in seine Hand genommen und er thut Alles. Das hat mich überaus gefreut, er erkennt also jedenfalls eine wirkliche Gnadenwahl an. Nur kann ich mich nicht genug verwundern, wie ihn unter diesen Umständen Hrn. Prof. Stellhorn's Definition befriedigen kann. Doch das gehört nicht hierher. — Ferner ist die Definition von der Beschaffenheit der Gnadenwahl, wie sie Hr. Prof. Stellhorn gibt, ganz gegen das, was unser Bekenntniß von der Gewißheit im Kreuz in der Lehre von der Gnadenwahl behauptet. Unser Bekenntniß lehrt nämlich, die Gnadenwahl gebe die Gewißheit im Kreuz, daß dasselbe uns werde zum Besten dienen. Das thut das Bekenntniß in der allerstärksten Weise S. 714. §§ 48 und 49: „Es gibt auch diese Lehre in Kreuz und Anfechtungen herrlichen Trost, nämlich, daß Gott in seinem Rath vor der Zeit der Welt bedacht und beschlossen habe, daß er uns in allen Nöthen beistehen, Geduld verleihen, Trost geben, Hoffnung wirken, und einen solchen Ausgang verschaffen wolle, daß es uns seliglich sein möge. Item, wie Paulus dies gar tröstlich handelt Röm. 8., daß Gott in seinem Fürsatz vor der Zeit der Welt verordnet habe, durch was Kreuz und Leiden er einen jeden seiner Auserwählten gleich wollte machen dem Ebenbilde seines Sohnes, und daß einem Jeden sein Kreuz zum Besten dienen solle und müsse, weil sie nach dem Fürsatz berufen seien, daraus Paulus für gewiß und ungezweifelt geschlossen, daß weder Trübsal noch Angst, weder Tod noch Leben rc. uns scheiden können von der Liebe Gottes in Christo JEsu." Man bedenke, wie wichtig das ist, daß man in Kreuz und Anfechtung Trost bekommt; denn wann brauchen wir ihn mehr als da? Sobald es mir schlecht geht, spricht mein alter Adam oder der Teufel: Da hast du es, Gott ist nicht dein Freund; wenn du ein rechtschaffenes Kind Gottes wärest, würde Gott mit dir ganz anders verfahren; siehe, das ist schon der Anfang dessen, was dich in der Ewigkeit erwartet, da wird's noch etwas ganz Anderes geben. — Aber wenn ich die Lehre von der Gnadenwahl habe und mich derselben tröste, sage ich: Es steht geschrieben: „Denen, die Gott lieben, müssen alle Dinge zum Besten dienen, die nach dem Vorsatz berufen sind." Unser Bekenntniß sagt, und ebenso die allermeisten Theologen auch des 17. Jahrhunderts (andere wieder nicht): Die Worte: „die nach dem Vorsatz berufen sind", bedeuten so viel als „auf Grund der Gnadenwahl." Vergl. § 48.

Ach, was ist das für ein Trost! In welch' schrecklichen Nöthen schweben wir jetzt, daß man oft versucht wird zu verzagen und zu verzweifeln! Aber das soll uns trösten: Gott will einen seligen Ausgang verschaffen. „Röm. 8. heißt es, daß Gott in seinem Fürsatz vor der Zeit der Welt verordnet habe, durch was Kreuz und Leiden" rc. Da haben wir ja die Erklärung unseres Bekenntnisses von Röm. 8, 28., daß deswegen einem jeden der Auserwählten sein Kreuz zum Besten dienen solle und müsse, weil sie nach dem Vorsatz berufen sind, das ist eben nichts anders als, weil sie erwählt sind. — Und nun endlich stimmt auch jene Definition nicht mit der Lehre von der Kirche, welche unser Bekenntniß in Zusammenhang mit der Lehre von der Gnadenwahl bringt. Das ist äußerst wichtig. So lesen wir nämlich S. 715. § 50: „Es gibt auch dieser Artikel ein herrlich Zeugniß, daß die Kirche Gottes wider alle Pforten der Höllen sein und bleiben werde, und lehret auch, welches die rechte Kirche Gottes sei, daß wir uns an dem großen Ansehen der falschen Kirchen nicht ärgern, Röm. 9." Also, daß die Kirche nicht untergehen kann, sagt unser Bekenntniß, ist darin gegründet, daß Gott eine ewige Ordnung gemacht hat, seine Auserwählten ewig selig zu machen. Wenn diese Ordnung nicht von Gott gemacht, dieser Rathschluß nicht gefaßt wäre, könnten wir denken: Es kann einmal eine Zeit geben, wo zwar noch Gottes Wort gepredigt wird, aber Niemand nimmts an, oder wenn sie es auch annehmen, so beharren sie nicht; und wenn dann zu einer bestimmten Zeit kein Mensch da ist, der im Glauben steht, ist die Kirche untergegangen. Aber, sagt unser Bekenntniß, um der Gnadenwahl willen ist dies unmöglich; durch sie ist die Kirche auf einen Felsen gestellt, daß auch die Pforten der Hölle sie nicht überwältigen können. So viel sei einstweilen genug.

Hierauf trat Prof. Stellhorn auf und erwiderte: Da dieser Vortrag (Dr. Walther's) sehr lang war und viele Punkte umfaßte, muß ich im Voraus um Entschuldigung bitten, wenn ich nicht überall so zusammenhängend rede, wie vielleicht sonst. Ich möchte zunächst auf Etwas antworten, was gestern vorgekommmen ist, aber unwiderlegt blieb. Es ist gestern der Einwand gemacht worden, daß nach unserer Lehre die Gnadenwahl ein bloßes Vorauswissen Gottes sei. Wir haben das schon früher wiederholt geleugnet. Gerade durch meine Definition habe ich gezeigt, daß „Wahl" mir mehr ist, als bloßes Vorauswissen; denn eine richterliche Application ist nicht ein bloßes Vorauswissen. — Dann wurde uns gesagt, was wir so nennen, könne man keine Wahl nennen, könne man gar keine Wahl heißen. Man scheint da anzunehmen, daß zur Wahl gehört, daß der, welcher wählte, sich gar keine Regel gemacht hat, nach der er wählt, sonst könnte ich jenen Einwand nicht verstehen. Wenn z. B. ein Feldherr, der ein wichtiges Unternehmen vorhat, nur einige Soldaten, nicht ein ganzes Regiment dazu braucht, wenn er also auswählt, so schließt das gar nicht aus, daß er bei sich festsetzt, nach welcher Regel er das thun will. Er wird diejenigen wählen, von denen er voraus weiß, daß sie kühn und besonnen sind. (Bitte, zu beachten, daß es sich nur um Einen Vergleichungspunkt handelt.) — Fürs andere meinte man, es sei hier keine Wahl möglich oder nöthig, weil nach meiner Definition ja eine selbstverständliche Folge eines vorhergehenden Beschlusses Gottes vorliege, und deswegen sei keine besondere Wahl da. Ich habe schon gestern auf das Analogon der Rechtfertigung hingewiesen und muß dabei bleiben. Es beweis't, daß, was schon selbstverständliche Folge eines Beschlusses Gottes ist, doch durch einen besonderen Beschluß festgestellt werden kann. So ist es ganz offenbar in der subjectiven Rechtfertigung, welche ein besonderer Act Gottes ist, der dem Begriff nach der Schenkung des Glaubens folgt. Trotzdem man sagen könnte, er sei eine einfache, selbstverständliche Folge, ist die subjective Rechtfertigung ein selbstänbiger Act Gottes. Ich fasse praedestinatio als richterliche Application im engsten Sinn, rede nur vom 2ten Theil, nicht von der ganzen Prädestination, und da sage ich: Diese Prädestination, insofern sie nichts ist, als die particuläre Auswahl einzelner Personen, ist wohl auch eine einfache selbstverständliche Folge der Heilsordnung und doch auch ein besonderer Willensact Gottes. Nur ist der Unterschied bei der Rechtfertigung und bei der Prädestination der, daß bei der subjectiven Rechtfertigung dieser richterliche Act in der Zeit stattfindet. Dahingegen die richterliche Application der allgemeinen Heilsordnung in der Prädestination in der Ewigkeit stattgefunden hat. — Ich möchte noch ein anderes Analogon hereinziehen, nämlich die Verwerfung. Diese ist auch ein besonderer Beschluß Gottes und doch kann man gerade von derselben auch sagen, was man von der Prädestination sagt. Wie diese nämlich nichts anderes ist als das Resultat von dem Beschluß Gottes: „Wer glaubt, wird selig", so jene das Resultat der anderen Schlußfolgerung: „Wer nicht glaubt, wird verdammt"; und doch ist die Verwerfung nicht ein bloßes Gehenlassen, sondern ein besonderer richterlicher Act Gottes. (Bitte wieder zu beachten den Einen Vergleichungspunkt.) Das zeigt ganz klar und deutlich § 40, wo es heißt: „Daß er diejenigen, so durch's Wort berufen werden, wenn sie das Wort von sich stoßen und dem Heiligen Geist, der in ihnen durchs Wort kräftig sein und wirken will, widerstreben und darin verharren, sie verstocken, verwerfen und verdammen wolle; im Lateinischen: ,,In eodem suo consilio decrevit ... velit ... et secundum has ratioues ... esse." Die Concordienformel nimmt hier also die Kehrseite der Erwählung, nämlich die nothwendig damit verbundene Verwerfung dazu. So gut die Verwerfung ein richterlicher Act Gottes ist, so gut ist auch die Prädestination im engsten Sinn ein besonderer richterlicher Act Gottes. Das wollte ich vorausschicken mit Beziehung auf das, was gestern bemerkt worden ist. — Nun zu dem, worüber ich heute angegriffen worden bin. Zunächst wurde angegriffen die Bestimmung meiner Definition, welche sagt, daß die Prädestination auf die praevisio gegründet sei. Herr Dr. Walther hat erklärt, Grund sei = Ursache; nach meiner Ueberzeugung ist das nicht so. „Grund" fasse ich hier nur als Erklärungsgrund. Die praevisio erklärt es mir, weshalb Gott trotz des allgemeinen Heilsweges nicht alle Menschen erwählt hat. Der Beweggrund ist mir nur Gottes Barmherzigkeit und Christi Verdienst; andere Beweggründe acceptire ich nicht. Daß aber die praevisio wirklich Erklärungsgrund sei, sehen wir deutlich aus §§ 34—43 (wurde verlesen; dabei besonders darauf aufmerksam gemacht, daß es sich hier in diesen §§ handele zu erklären, wie es komme, daß, während Viele berufen, doch nur Wenige auserwählt sind: Secundum has rationes = nach diesen Gründen). Manche lassen sich nicht zum Glauben bringen und das liegt eben an ihrem muthwilligen Widerstreben. Hat also auch die Concordienformel nicht den Ausdruck „intuitu fidei", so doch die Sache. Diese ganze Stelle will also sagen: Daß bei vielen Berufenen nicht viele, sondern wenig auserwählt sind, liegt nicht in einem geheimen Willen Gottes, sondern daran, daß nicht jeder Mensch, er mag sich zum Worte Gottes verhalten wie er will, ein Auserwählter sein kann, sondern daß Gott bestimmte Ordnung gemacht hat und nur die, welche sich in dieselbe finden, Auserwählte sein können. Wenn es nun so ist, daß es daher kommt, daß, während Gott eine solche Ordnung gemacht hat, doch nur die wenigsten Menschen sich in diese Ordnung einfügen lassen, und die Wahl schon eine in der Ewigkeit fest abgemachte, abgeschlossene ist, so muß nothwendig die Voraussehung Gottes ins Spiel kommen, aber nicht als Beweg-, sondern als Erklärungsgrund. Das ist meine Ueberzeugung ganz und gar. — S. 557. § 20 wurde angeführt und dabei gesagt, daß bei meiner Definition der Gnadenwahl diese Worte nicht zu ihrem Rechte kämen. Aber wenn es da heißt, in uns sei keine Ursache, so ist damit nur gemeint etwas, was wir von Natur haben oder wenigstens geben können, nicht etwas, was der liebe Gott uns gibt und was dann in uns ist, nämlich der Glaube oder der im Glauben ergriffene Christus. Es wurde auch angeführt S. 724. §§ 89 und 90 und auf den Trost hingewiesen, den die Lehre von der Gnadenwahl gebe. Das acceptire ich ganz und gar. Wenn diese Lehre, welche die Concordienformel hat, wenn in ihr §§ 34—43 zu ihrem Rechte kommen, ist diese Lehre tröstlich, sonst nicht. Der Punkt, der daraus fließende Trost, ist für mich ein Hauptgrund, so zu stehen, wie ich stehe. Es ist bei mir nicht Sache des Verstandes, sondern des Herzens. Hierbei muß ich darauf aufmerksam machen, daß der Satz als unrichtig zurückgewiesen wurde: „Diejenigen, welche nicht erwählt sind, sind deshalb nicht erwählt, weil sie muthwillig widerstreben." Aber ich habe drei Gewährsmänner, die beweisen, daß das richtig ist. Der erste ist, mit Ihrer Erlaubniß, Herr Dr. Walther selbst. In seiner Postille ließ er drucken und hat gepredigt, daß diejenigen, die nicht erwählt sind, es darum nicht sind, weil Gott sie nicht hat erwählen können

Dr. Walther: Das glaube ich heute noch; ich stimme nicht mit denen, die das leugnen.

Prof. Stellhorn: Ferner führe ich zum Beweis dafür, daß nur der beharrliche Unglaube derjenigen, die nicht erwählt sind, Gott gezwungen hat, sie nicht zu erwählen, eine Stelle aus Luther an. Sie steht „Lutheraner" 1880, S. 52, Sp. 3 f. und ist entnommen einem Briefe vom Jahre 1545, so daß man nicht sagen kann, Luther habe später seine Meinung geändert: „Und weil sie als solche, welche fallen würden, vorausgewußt waren, so sind sie nicht prädestinirt worden. Sie wären aber prädestinirt worden, wenn sie wieder umgekehrt und in der Heiligkeit und Wahrheit geblieben wären." Das ist ein contradictorischer Gegensatz zur Verwerfung des obigen Satzes. Drittens habe ich zum Gewährsmann §§ 34—43 unserer Concordienformel, wo es ganz ausdrücklich heißt, daß deswegen der liebe Gott die meisten Menschen nicht erwählt habe, weil sie muthwillig widerstreben, entweder wenn es sich darum handelt, den Glauben zu wirken oder zu erhalten."

Auf die Zwischenfrage Pastor Stöckhardt's: Wo genau eigentlich dies in der Concordienformel gesagt werde? fährt Prof. Stellhorn fort:

Der Beweis steckt namentlich in §§ 40—42. Da wird in § 41 angeführt Matth. 22. Da stimme ich nun zwar mit Hrn. Pastor Stöckhardt in dem, was er sagt, aber nicht in dem, was er verschweigt. Ich will ihm natürlich nichts imputiren. Diese Stelle hat zwar auch den Sinn: so zeigt es sich, daß Viele berufen, aber Wenige auserwählt sind; aus dem Zusammenhang aber erhellt, daß der eigentliche und nächste Sinn ist: so kommt es, daß ꝛc. Das habe ich zu antworten auf den Einwurf, meine Definition sei insofern nicht richtig, als sei Prädestination richterliche Application u. s. w. Ich hatte diese Definition, als ich sie gab, nicht etwa schriftlich, es wäre also möglich, daß vielleicht Ausdrücke darin wären, die ich zurücknehmen müßte; wäre es so, was ich bis jetzt noch nicht sehe, so würde ich es thun. — Herr Dr. Walther gründet sich nun auf den Ausdruck: „richterliche Application" und sagt, derselbe sei gegen die Lehre des Bekenntnisses, wonach die Gnadenwahl eine Ursache des Heils u. s. w. sei. Was das Wort „richterlich" betrifft, so hätte ich gleich sagen sollen, daß ich es in dem Sinne nehme; in welchem unsere Alten die voluntas consequens eine voluntas judicialis nennen. Unsere Theologen von Hunnius an unterscheiden nämlich einen zweifachen Willen bei Gott: voluntas antecedens und consequens. Gerhard namentlich setzt diese Unterscheidung sehr deutlich auseinander. Es wird mir wohl erlaubt sein, es vorzulesen, da ich dasselbe sagen müßte: Gerhard (loc. VIII. de electione et reprobatione, c. IV. § LXXIX. Ed. Cotta tom. IV. pg. 169; ed. Preuss p. 61): „Diese Unterscheidung aber (zwischen voluntas antecedens und consequens) unterscheidet nicht den Willen Gottes an und für sich, welcher in Gott ein einziger und untheilbarer ist, sondern seine gedoppelte Beziehung.

Bei der voluntas antecedens (dem vorangehenden Willen) handelt es sich um die Mittel des Heils, wie dieselben von Seiten Gottes festgesetzt sind und Allen angeboten werden. Bei der voluntas consequens handelt es sich um dieselben Mittel, aber insoferne dieselben von den Menschen angenommen oder verworfen werden. Der vorangehende Wille wird so genannt, weil er der Betrachtung des menschlichen Gehorsams oder Ungehorsams vorausgeht: er ist jener einfach gnädige Wille Gottes, der gleicher Weise über Alle geht. Der nachfolgende Wille (voluntas consequens) wird so genannt, weil ihm die Rücksichtnahme auf den menschlichen (Glaubens-) Gehorsam oder Ungehorsam vorausgeht; er zeigt bestimmt an, wie der gleiche Wille sich verhält zu den Menschen, die der Heilsordnung thatsächlich folgen, und zu denen, die ihr nicht folgen." — Also, wenn ich sagte: richterliche Application, hätte ich ebensowohl sagen können: „die auf die voluntas consequens gegründete". Es soll diese Definition, insofern sie sagt, die Prädestination im engsten Sinn sei geschehen intuitu fidei, der Lehre der Concordienformel widerstreiten, wo es S. 705. § 8 heißt: sie sei eine Ursache der Seligkeit. Ich acceptire, daß die Wahl eine Ursache unserer Seligkeit ist. Aber ich beziehe das auf den ersten Theil, auf jene acht Punkte, obgleich ich für meine Person auch zugebe (wie nicht Alle auf unserer Seite), daß die Wahl auch nach dem 2ten Theil in gewissem Sinn eine Ursache der Seligkeit ist, insofern nämlich in dieser Auswahl nach S. 708. § 23 die Verordnung schon inbegriffen ist, daß Gott die Auserwählten nun auch „auf die Weise, wie jetzt gemeldet"... stärken und erhalten wolle. Also die Gnadenwahl im weiteren Sinn ist eine Ursache der Seligkeit nach ihrem ersten und im gewissen Sinn auch nach ihrem 2ten Theil. Insofern kann ich wenigstens nicht einsehen, daß meine Definition diese Lehre der Concordienformel aufhebe. Es wird Ap. Gesch. 13, 48. angeführt; mehrere unserer Alten sagen, diese Stelle gehöre nicht hierher. Ich glaube, sie gehört hierher. Aber es heißt dort nicht: so viele verordnet, sondern: so viele geordnet waren, und diese Ordnung ist eben die in den acht Punkten enthaltene. Auch die Worte: „Insgemein bereitet", beziehe ich auf die ersten 8 Punkte. Daß Gott zugleich verordnet hat, die Auserwählten auf diesem Wege wirklich zu führen, das ist die Application dessen, was schon in der ersten Hälfte gesagt worden ist. — Ferner soll meine Definition dagegen verstoßen, daß die Concordienformel lehrt, daß auch die Erhaltung im Glauben eine Folge der Erwählung sei. Es heißt nun in der Concordienformel S. 708. § 21: „Daß er auch in ihnen das gute Werk, so er angefangen hat, stärken, mehren und sie bis ans Ende erhalten wolle, wo sie an Gottes Wort sich halten, fleißig beten, an Gottes Güte bleiben und die empfangenen Gaben treulich brauchen." Das ist eine Bestimmung des ersten Theiles des Heilsweges. Natürlich, wenn Prädestination Application ist, dann wird auch dies auf sie angewandt. Also folgt auch nach meiner Definition, daß die Auserwählten in Folge der

Wahl nun auch im Glauben erhalten werden. — Es wird ferner angeführt S. 714. § 45, „daß der liebe Gott meine Seligkeit so wohl und gewiß habe verwahren wollen". Das unterschreibe ich von Herzen. Nämlich dadurch hat er das gethan, daß er gerade einen solchen Heilsweg bestimmt hat, wie er es gethan hat, einen solchen, auf dem er Alles allein thun will. Gerade einen solchen hat er ausfindig gemacht; nur will er mich natürlich nicht zwingen zur Seligkeit, mein muthwilliges Widerstreben kann auf jeden Punkt ihm entgegentreten. Natürlich, seiner Allmacht könnte ich nicht widerstreben. Es heißt: „wie" „quomodo", nicht „daß" er es wolle. Also die Art und Weise hat er bestimmt und diese ist eben der erste Theil der Gnadenwahl im Sinne der Concordienformel. — Dieses ist nun unser Trost, daß der liebe Gott (im ersten Theil) einen solchen Weg festgesetzt hat, auf dem er Alles thun will. Wäre es nicht so, so hätte ich nicht den geringsten Trost. Der Trost, der aus der particulären Wahl folgt, aus dem Act Gottes, daß er bestimmte Personen zur Seligkeit zu bringen beschlossen hat, kann nach meiner festen Ueberzeugung nur ein bedingter sein. Der Trost kann nur von der Art sein, von welcher Art die Gewißheit ist. Daß der erste Theil der Gnadenwahl für mich da ist, weiß ich absolut gewiß, deswegen ist auch der Trost, auf den ich schließlich immer wieder zurückkommen muß, ein ganz fester, der in der Anfechtung Stand hält. Von einem anderen als von einem solchen Trost, der in der Anfechtung bleibt, weiß die Concordienformel nichts — und was thue ich damit? Es wurde auch auf S. 714. §§ 45—47 aufmerksam gemacht, namentlich auf § 47.

Dr. Walther: § 46 ist mir ebenso wichtig.

Prof. Stellhorn: Das fasse ich wie § 45, daß der Trost darin liegt für mich, daß der liebe Gott einen solchen Heilsweg geschaffen hat. Der Trost aus dem 2ten Theil der Gnadenwahl ist nur ein bedingter, der mir nichts hilft, wenn ich in Anfechtung komme. Auch §§ 89 und 90 wurden angeführt. In diesen Paragraphen ist von dem Trost die Rede, der aus der Lehre von der Gnadenwahl folgt. Das Tröstliche ist hiernach dies, daß die Wahl eine ewige Wahl in Christo ist. Es ist dort offenbar nichts angegeben, als der Inhalt des allgemeinen Heilsweges, als die Beschlüsse, die in dem ersten Theil der Gnadenwahl enthalten sind. Und natürlich werden diese Bestimmungen auch applicirt auf die Auserwählten. Folglich kann man nicht sagen, daß nach meiner Lehre die Gnadenwahl keinen Trost habe für die Auserwählten. Es heißt da § 90, daß uns diese Gnadenwahl in Christo geoffenbaret sei. Dazu vergleiche ich S. 717. § 65. Dort heißt es: „Demnach soll diese ewige Wahl Gottes in Christo und nicht außerhalb oder ohne Christo betracht werden. Denn in Christo, zeuget der heilige Apostel Paulus, sind wir erwählet" 2c. In § 67 heißt es denn auch: „Das ist der Wille des Vaters" u. s. w. Da wird gesagt, daß die Wahl Gottes geoffenbart sei in diesen Sprüchen. Ist nun die ewige Wahl geoffenbaret dadurch, daß der allgemeine Heilsweg ge=

offenbart ist, so steht es so, daß die Wahl dem **Haupttheil** nach darin bestehen muß, daß der allgemeine Heilsweg festgestellt worden ist. — Ferner wurde gesagt: Meine Definition streite gegen die Lehre von der Concordienformel, daß die Gnadenwahl Gewißheit im Kreuz gebe. Wenn aber nun die Gnadenwahl im engsten Sinne nichts anderes ist, als die richterliche Application des ersten Theils auf die Auserwählten, und wenn es heißt S. 708. § 20: „Daß Gott sie auch in ihrer großen Schwachheit wider Teufel, Welt und Fleisch schützen und auf seinen Wegen regieren und führen, da sie straucheln, wieder aufrichten, in Kreuz und Anfechtung trösten und erhalten wolle", so kann mir offenbar nicht vorgehalten werden, daß meine Lehre keine Gewißheit im Kreuz gebe. Dies schließt meine Definition nicht aus, sondern vielmehr ein. — Endlich wurde bemerkt, meine Definition streite gegen S. 715. § 50: „Es gibt auch dieser Artikel ein herrlich Zeugniß, daß die Kirche Gottes" ꝛc. Daß immer... eine Kirche auf Erden sein wird, das ist begründet im ersten Theil, wo eben ein solcher Heilsweg angeordnet ist, wie er ist, wornach Gott Alles thut, **und** in der Application auf die Auserwählten. Folglich bleibt die Lehre, daß immer eine christliche Kirche sein und bleiben werde, fest bestehen.

Nachdem nun noch der Präses darauf aufmerksam gemacht hatte, daß alle Anwesenden ihre Namen in die betreffenden Listen einzutragen haben, vertagte sich die Versammlung mit dem Gebet des HErrn.

W. Krauß, Secretär.

Achte Sitzung.
Montag Vormittag, den 4. October.

Die Sitzung wurde mit dem üblichen Gottesdienst begonnen. Nach Verlesung des Protokolls der Sitzung vom letzten Samstag Morgen erbat sich

Director **Krauß** das Wort zu einer persönlichen Bemerkung: Ich bin durch mehrfache Erwägung der in der [eben verlesenen] Rede Hrn. Dr. Walther's vorgetragenen Gründe und durch weitere Besprechung in Abbison zu der Ueberzeugung gekommen, daß meine vorige Stellung unhaltbar ist. Die heilige Schrift lehrt es, und die Concordienformel sagt es, daß die Gnadenwahl wirklich „**eine Ursach** unserer Seligkeit und was dazu gehört" ist. Ich muß sagen, ich habe diesen Artikel der Concordienformel bisher ganz falsch angesehen. Ich bin froh, daß ich diesen Irrthum nun einsehe, danke Gott dafür und bitte, daß Er meine Brüder von der Opposition im Laufe dieser Tage noch zu der gleichen Erkenntniß bringen möge. Ich hätte zwar in Betreff etlicher Ausdrücke, z. B. das „Vorübergehen Gottes", noch manches vorzubringen, kann dies aber, nachdem der Hauptstein des Anstoßes für mich nun hinweg ist, versparen, bis der Gang der Verhandlungen darauf führt.

Dr. Walther: Ich wollte nur einige Bemerkungen machen zu der Antikritik [des Prof. Stellhorn] und werde mich an das halten, was von besonderer Bedeutung zu sein scheint. Was ich nicht für bedeutend halte, oder was bei einer andern Sache füglich angebracht werden kann, werde ich vorläufig übergehen. Diese Erklärung schicke ich deswegen voraus, damit man keine Ursache habe, mich anzugreifen, als habe ich das eine oder andere Argument umgehen wollen. Zunächst erklären Sie: „Es wurde uns gesagt, was wir so nennen, das sei gar keine Wahl", und wollen dann beweisen, daß es doch eine Wahl sei, indem Sie sagen: „Es gehört zur Wahl, daß Gott sich nach einer Regel gerichtet hat." Hierzu mache ich diese Bemerkung: Kein Mensch kann leugnen, daß Gott nach einer Regel gehandelt hat. Gott handelt nicht willkürlich. Aber Gott hat uns in seinem Worte nichts geoffenbart, als daß Er sich gerichtet hat nach seiner Barmherzigkeit und nach dem allerheiligsten Verdienst Christi. Wer nun noch eine andere Regel unterschiebt, den weisen wir zurück. Denn das ist dann eine Regel, die eine Creatur Ihm stellen will, und das soll keine Creatur wagen. Das trifft also gar nicht, was Sie sagen; es ist keine Entscheidung; ist auch kein Beweis gegen die Gründe, die Ihnen entgegen gestellt worden sind.

Prof. Stellhorn: Ich gebe das ja von Herzen gerne zu, wie schon wiederholt bekannt, daß die Ursache, die Gott bewogen hat, die Menschen zur Seligkeit zu bestimmen, lediglich seine Barmherzigkeit und das allerheiligste Verdienst Christi ist. Keine anderen Ursachen sind es, die Ihn bewogen haben, dies zu thun. Eine andere Frage aber ist diese: nach welcher Regel Er sich dabei gerichtet hat. Die Regel braucht ja nicht eine Ursache zu sein! Die Regel, nach meiner Ueberzeugung, ist nach Gottes Wort und dem Bekenntniß unserer Kirche: der im Glauben ergriffene Christus. Wo Gott Ihn sah, hat Er den Menschen erwählt, wo Er Ihn nicht sah, hat Er die Menschen liegen lassen.' Wenn gesagt wird: Der Glaube ist die Regel, so ist das allerheiligste Verdienst Christi nicht ausgeschlossen, sondern kommt vielmehr zu seinem Recht. Wenn ich mit den Vätern reden will, so muß ich sagen: Die Wahl ist in dem durch den Glauben ergriffenen Christo geschehen, und eben dasselbe sagt auch unser Bekenntniß. Wo Gott einen Menschen in Christo gesehen hat, den hat Er erwählt. Wen Er nicht in Christo gesehen hat, den hat Er nicht erwählt. Die Folge ist die Verwerfung. Wenn ich also sage: Der Glaube ist die Regel, nach welcher die Wahl geschehen ist, so soll das nur, wie auch die Alten erklären, ein verkürzter Ausdruck sein für „der im Glauben ergriffene Christus", was gleichbedeutend ist mit dem „intuitu fidei", oder „in Ansehung des Glaubens". Wenn es sich um eine Regel handelt, nach welcher Gott erwählt hat, so kann diese nur der das Verdienst Christi ergreifende Glaube sein. Das Verdienst Christi ist ja für alle da; wäre nun die Wahl „in Christo", ohne Ansehung des Glaubens geschehen, so hätte Gott ja alle Menschen erwählen können, während doch Dr. Walther selbst erklärt hat, daß es so stand, daß Gott nicht Alle habe erwählen können. Der Mensch muß sich das Verdienst Christi erst schenken lassen.

Dr. Walther: Wir werden später auf das „sich-schenken-lassen" zurückkommen und zeigen, zu welch' schrecklicher Lehre dies in dieser Verbindung führt. — Sie machen den Glauben doch zu einer Ursache. Denn, wenn der Glaube die Regel ist, so hat Gott sich dadurch leiten lassen, und das ist „Ursache". Sie mögen es leugnen, daß Sie drei Ursachen der Wahl annehmen: Gottes Barmherzigkeit, das Verdienst Christi und den Glauben; aber Sie fürchten sich nur, es so auszusprechen.

Pastor Allwardt: Es ist ja bei der Rechtfertigung gerade so. Wer würde sagen, daß es drei Ursachen der Rechtfertigung gibt? Wir sagen, daß wir-gerecht werden aus Gottes Barmherzigkeit und durch das Verdienst Christi, daß aber das Verdienst Christi durch den Glauben ergriffen werden muß; machen aber den Glauben damit nicht zu einer Ursache der Rechtfertigung. Ebenso wenig machen wir den Glauben zu einer Ursache der Wahl, wenn wir sagen, daß der Glaube die Regel sei, nach welcher die Wahl geschehen ist. Die heilige Schrift stellt auch niemals Gnade und Glauben gegenüber, sondern immer eigenes Verdienst und Gnade, wie z. B. Röm. 4, 16. zeigt, daß Gnade und Glaube nicht entgegengesetzt sind: „Derhalben muß die Gerechtigkeit durch den Glauben kommen, auf daß sie sei aus Gnaden." Gerade dann, wenn wir sagen: allein durch den Glauben, so bekennen wir, daß es sei allein aus Gnaden.

Dr. Walther: Daß bei der Rechtfertigung Gnade und Glaube zusammen stehen, bei der Wahl nicht ebenso, kommt daher, daß wir die Gnadenwahl nicht im Glauben ergreifen, wie wir die Gerechtigkeit im Glauben ergreifen. Die Gerechtigkeit Christi gehört der ganzen Welt und darum können und sollen wir sie im Glauben ergreifen. Die Wahl aber gehet nicht die ganze Welt an, sondern erstreckt sich allein über die Kinder Gottes. Bin ich erwählt, so bin ich ein Erwählter, wenn ich auch noch nicht glaube. Unsere Opponenten hätten gerne den Glauben hinein, wo es sich um die Ursache handelt. Wenn sie sagten: Wir sind durch den Glauben erwählt, so ließe sich das noch eher hören (wenn sie damit sagen wollten: indem uns Gott verordnet hat, uns zum Glauben zu bringen und darin zu erhalten), wiewohl es auch keine kirchliche Redeweise ist.

Pastor Allwardt: Wenn zugestanden wird, daß der Glaube kein Werk Seitens des Menschen ist, sondern nur die Hand, die die angebotene Seligkeit ergreift, so ist damit doch nachgewiesen, daß wir die Wahl nicht von unsern Werken abhängig machen. Gott hat zuvor gesehen, wer sich den Glauben schenken läßt, und diese hat Er zur Seligkeit verordnet.

Dr. Walther: Sobald Sie den Glauben die Ursache auf Seiten des Menschen sein lassen, so machen Sie ihn zu einem Werk. Ist der Glaube mit angesehen worden bei der Wahl, so liegt die Ursache nicht allein in Gott, und der Glaube wird zu einem Werk, zu einem Verdienst gemacht.

Sonst hat das „intuitu fidei" gar keine Bedeutung. Will man dieses „intuitu fidei" festhalten, trotzdem daß zugegeben wird, daß der Glaube nicht ein Werk des Menschen, sondern allein eine Gabe und Wirkung Gottes sei, so müßte man annehmen, daß Gott um dieses seines Geschenkes willen diejenigen erwählt habe, denen er den Glauben gegeben hat. Ich werde doch nicht sagen: Weil ich diesem Manne gestern 100 Thaler gegeben habe, das bewegt mich, ihm heute 1000 Thaler zu geben! Was wäre das für ein Schluß! Nur das kann als ein Grund angegeben werden, wenn in ihm eine solche Würdigkeit liegt, die mich dazu bewegt, ihm eine neue Wohlthat zu erweisen. Nicht aber kann das ein Grund sein, weil ich ihm vorher schon einmal etwas Gutes gethan habe.

Pastor Allwardt: Dieser Grundsatz würde doch die Lehre von der Rechtfertigung aufheben. Der Grund der Rechtfertigung ist doch, daß früher schon ein anderes Werk geschehen ist, das Werk der Erlösung durch Christum. Die Ordnung nun, in welcher ich gerechtfertigt werde, ist diese, daß ich zum Glauben komme, durch den ich mir die Rechtfertigung aneigne. Das ist die Ordnung, die Gott in seinem Worte geoffenbart hat. In dieser geoffenbarten Ordnung sagt Gott aber auch, daß der Unglaube die Ursache der Verdammniß ist.

Dr. Walther: Ja, das ist es eben. Sie möchten eine Brücke schlagen über diesen Abgrund. Sie wollen sich nicht kindlich hingeben den Zeugnissen der heiligen Schrift, sondern wollen den Glauben einschieben, um das Geheimniß erklären zu können, davon Gottes Wort schweigt. Denn Ihr Gedanke ist dieser: Der Unterschied muß doch im Menschen liegen. Wenn er nicht im Menschen läge, dann gäbe es eine absolute Wahl. Da mag denn die Schrift reden, wie sie will, und die Kirche mag bekennen, was sie will, Sie bleiben in Ihrer falschen Stellung, in die Sie sich haben hineindrängen lassen durch den sogenannten „Erklärungsgrund".

Pastor Allwardt: Ich habe die Definition von der Gnadenwahl ebenso verstanden, wie Prof. Stellhorn sie erklärt hat: durch Vorhersehung des Glaubens ist die Gnadenwahl vermittelt worden.

Dr. Walther: Mein lieber Bruder, Sie sind scharfsinnig genug, daß Sie wissen, daß Sie so nicht reden können und dürfen, wenn Sie dafür halten, daß die Wahl die auf die Voraussetzung gegründete richterliche Anwendung der Bestimmungen des allgemeinen Heilsweges auf die Einzelnen sei. Gründet sich die Wahl auf die Vorhersehung des Glaubens, so kann der Glaube nicht der Erklärungsgrund sein. Es gibt Trugschlüsse (fallacia aequivoca), die gemacht werden, indem man ein zweideutiges Wort je nach Expedienz auslegt. Sie können nicht so reden, ohne solchen Trugschluß zu machen. Das weiß Jeder, daß „darauf gegründet sein" nicht gleichbedeutend ist mit „Erklärungsgrund", sondern das Fundament anzeigt, darauf etwas steht. Wenn Sie sagen: Die Worte „die auf die Vorhersehung gegründete Application" ꝛc. geben den Erklärungsgrund an, wie die Wahl vermittelt wird, so erscheint das nur als eine Verschleierung Ihrer Stellung. Soll es aber Ihre Erklärung sein, so müssen Sie eine andere Vorstellung vom Geschäft des Glaubens haben.

Pastor Brömer: Ich bin auch der festen Ueberzeugung, daß man mit dem „intuitu fidei" gar nichts anfangen kann, wenn man dabei stehen bleibt, daß der Glaube allein eine Gnadengabe Gottes ist.

Dr. Walther: Das ist gar keine Frage: das „intuitu fidei" hilft Ihnen schlechterdings nichts. Wenn Sie den Glauben nicht zu einer Selbstthat des Menschen machen, so hat es gar keine Bedeutung. Lassen Sie aber den Glauben allein Gottes Gabe sein, so müssen Sie auch zugeben, daß Gott nicht allein beschlossen hat, die Gläubigen selig zu machen, sondern auch beschlossen hat, denen, die selig werden, den Glauben zu geben. Sie müssen ja nicht vergessen: was Gott in der Zeit thut, das hat Er von Ewigkeit schon beschlossen. Wenn ich also durch Gottes Gnade in der Zeit zum Glauben komme, so muß es Gott von Ewigkeit beschlossen haben, mich zum Glauben zu bringen. Darum sagt auch unser Bekenntniß im Artikel „De libero arbitrio": Welchen Menschen Gott zu bekehren beschlossen hat, den zieht Er; „trahit Deus hominem, quem convertere *decrevit*." F. C. Art. II. Muell. 603.

Prof. Stellhorn: Als wir damals aufgefordert wurden, unsere Auffassung von §§ 13—22 zu geben, da war ich nicht in der Weise vorbereitet, mich so auszusprechen, daß ich jetzt sagen könnte: Ich will auf jedem Worte bestehen und darauf leben und sterben. Denn ich hatte nicht erwartet, daß damals schon eine Auseinandersetzung begehrt würde. Wenn ich mich da eines Ausdruckes bedient hätte, der nicht richtig wäre, so habe ich mich ja schon erklärt, daß ich denselben zurücknehmen will, wenn mir die Unrichtigkeit desselben nachgewiesen wird. Ich habe dann auch erklärt, daß in der gegebenen Definition nichts Verkehrtes zu finden sei. Als Herr Dr. Walther am Sonnabend sagte, die Worte: „die auf die Vorsehung Gottes gegründete Application" ꝛc. müßten einen Grund oder Ursache bezeichnen, da hatte ich nicht lange Zeit nachzudenken, wie ich mich deutlicher erklären sollte. Ich hatte nicht die Absicht, meine Stellung zu verschleiern.

Dr. Walther: Denken Sie doch nicht, daß ich Ihnen eine Unlauterkeit beimessen wollte. Wenn ich Sie wegen Ihrer Erklärung angegriffen und vom Verschleiern geredet habe, so meine ich nicht, daß Sie die Absicht gehabt haben, so zu reden, daß wir Sie nicht verstehen sollten, sondern daß Sie Ihre Stellung vor Sich selbst verschleiern. Gründet sich die Wahl auf den vorhergesehenen Glauben, so ist der Glaube eine Ursache derselben. Wird der Glaube als eine Ursache der Wahl hingestellt, so ist damit der helle Synergismus ausgesprochen. Aus dieser Verlegenheit kommen Sie nicht heraus.

Prof. Stellhorn: Ich halte den Glauben für die ratio, nicht für die causa der Wahl. Das ist mir klar, daß die praevisio kein Erklärungsgrund für Gott sein konnte; aber man kann es sich doch leicht erklären, daß sie ein Erklärungsgrund für uns ist. Ich habe auch nichts anderes sagen wollen, konnte aber nicht gleich den rechten Ausdruck finden.

Dr. Walther: Wer das Rechte wünscht, aber durch seinen Verstand etwas abgelenkt worden ist, der ist immer in Verlegenheit (weil er das Rechte will), das rechte Wort zu finden. So geht es Ihnen auch. Sie wollen nicht synergistische Lehre führen und das ist gut. Aber Sie sind nun einmal etwas auf die Seite gewichen und suchen Ihre Stellung zu behaupten, ohne synergistisch reden zu müssen, und können nun das rechte Wort nicht finden. Das wird Ihnen auch nicht gelingen. Wer das Rechte hat, findet auch den rechten Ausdruck! Wie haben Theologen des 17ten Jahrhunderts sich abgequält, das „intuitu fidei" zu erklären, daß es ihnen gelang! Einer legte dies hinein, der Andere etwas anderes. Sie sagten dann: Wenn du das auch nicht darin findest, so nimm nur einfach das „intuitu fidei" an. Sie wollten sich den Calvinisten entgegensetzen mit großer Macht und meinten, sie könnten dieselben nicht besser überwinden als damit, daß sie sagten: Erst kommt der Glaube, dann die Wahl. Das war eine Radicalkur, bei welcher die Theologen dennoch zu kurz kamen; es blieben dabei immer noch Fragen übrig, auf die sie ihren Gegnern nicht Antwort geben konnten. Wir können den Calvinisten antworten, Sie nicht. Sodann sprechen Sie sich dagegen aus, daß man behauptet hat: Sie hätten gar keine Wahl. Da sage ich nun: Sie haben mich nicht überzeugt, daß Sie eine Wahl haben. Denn nach Ihrer Definition (jetzt ganz abgesehen von dem „Begründetsein") ist Ihre sogenannte Gnadenwahl nichts anderes, als die Rechtfertigungslehre, nur daß Sie hinzunehmen, daß jene schon in der Ewigkeit beschlossen sei. Aber daraus folgt nicht, daß dies nun auch die Gnadenwahl ist. Daß Etwas von Ewigkeit beschlossen ist, macht dasselbe noch nicht zu einer Gnadenwahl. Wo steht nun der Begriff „Wahl" in Ihrer Definition?

Pastor Allwardt: Wir glauben, daß Gott aus der Masse der Menschen alle diejenigen Personen, die selig werden, auserwählt, gekennzeichnet und in's Buch des Lebens eingeschrieben hat, und daß diese und keine anderen selig werden. Wir glauben, daß Gott Alles thun muß, um diese Leute dahin zu bringen, daß Er sie mit Christi Blut rein wäscht, durch den Heiligen Geist beruft, zum Glauben bringt und sie auch darin erhält. Wir glauben also eine ewige Wahl, eine unfehlbare Gnadenwahl, gerade so wie Sie. Der Unterschied ist der, daß Sie die Wahl dem Glauben als einer Frucht derselben voranstellen, wir aber die Wahl dem Glauben folgen lassen, — im Geiste Gottes, so zu reden. Ich begreife nicht, wie man darin nur die Rechtfertigung finden und sagen kann, wir hätten keine Wahl. Es ist doch wahrlich etwas Großes, daß Gott die Frommen und Heuchler unterscheidet, aus der ganzen Masse der Menschen die Seinen herauskennt und ihnen das Siegel des Glaubens aufdrückt. Ich meine, das ist doch Wahl! Das Alte Testament redet nur selten von der Wahl, aber es redet viel davon, daß Gott die Herzen und Nieren prüft und daß Seine Augen nach dem Glauben sehen; es rühmt es als eine herrliche Eigenschaft Gottes, daß Er Alle, die an Ihn glauben, herausgefunden hat.

Dr. Walther: Nein, mein lieber Bruder! so ist es nicht! Gott, sagen Sie, müsse ja freilich Alles thun, daß wir glauben und selig werden. Das ist aber die Frage gar nicht, ob Gott Alles thun müsse? Sondern das ist die Frage, ob Er es so verordnet hat, daß an seinen Auserwählten Alles geschehe, damit sie gewiß selig werden? Haben Sie zugegeben, daß Gott an den Auserwählten nicht nur Alles thun muß, dadurch sie zum Glauben kommen, sondern daß Er sie auch dazu verordnet hat, sie auf diesem Wege unfehlbar zur Seligkeit zu bringen?

Prof. Stellhorn: Ja!

Dr. Walther: Dann begreife ich nicht, wie Sie den Glauben vor die Wahl stellen können!

Prof. Stellhorn: So habe ich immer gestanden. Ich setze den Glauben zweimal, weil das Verdienst Christi zweimal zu setzen ist: einmal vor die Wahl, als Ursache der Erwählung, dann nach der Wahl, als Mittel, die Erwählten selig zu machen.*) Vor dem Glauben nützt mir Christi Verdienst nichts. So es möglich wäre, daß Christus mir etwas nützte ohne Glauben, so wäre kein Glaube nöthig. Das stimmt mit der Concordienformel.

Dr. Walther: Christus nützt uns Alles schon vor dem Glauben. Um Christi willen kommen wir zum Glauben, um Christi willen wird uns das Evangelium geprebigt, um Christi willen sind wir erwählt. Es ist eine schreckliche Rede, zu sagen, daß uns Christus vor dem Glauben nichts nütze.

Prof. Stellhorn: Meine Meinung ist diese: Christus nützt mir nichts zur wirklichen Erlangung der Seligkeit ohne den Glauben.

Dr. Walther: Ja, ich kann ohne Glauben an Christum die Seligkeit nicht erlangen.

Prof. Stellhorn: So konnte Gott nicht, ohne Christum in mir zu sehen, beschließen, mich zu erwählen.

Dr. Walther: Eine erschreckliche Lehre! Nein, Gott konnte nicht, ohne mich zugleich einzupflanzen in Christum, mich erwählen. Aber das ist es ja, was wir glauben: als Er mich erwählte, hat Er mich in Christum eingepflanzt, in's Buch des Lebens eingeschrieben.**) Man weiß es ja aus

---

*) Prof. Stellhorn erklärt, daß diese Worte nicht auf den Glauben, sondern auf das Verdienst Christi sich beziehen.

**) Soweit protokollirte Herr Pastor Runkel. Das Folgende aus dieser Sitzung ist aus der Feder des Hrn. Pastor Krafft.

Erfahrung, wie viele Gewissen durch solch eine Behauptung verwirrt worden sind, daß Christus nichts nütze, so lange er nicht durch den Glauben ergriffen sei. Das ist eine gefährliche Behauptung, ein furchtbares Argument, geeignet, Christum zu beseitigen, wenn man alles in den Glauben legt; dadurch verliert Christus d i e Gültigkeit, die dann dem Glauben zugesprochen wird.

Prof. S t e l l h o r n : Aber eben das halte ich für einen Grundirrthum, daß man Christum und den Glauben trennt. Diese sind doch Correlata. Christum kann man nicht vom Glauben und den Glauben nicht von Christo trennen; wenn man demnach vom Glauben redet, so ist Christus nicht aus=, sondern einzuschließen und erscheint gleichsam mit diesem verwachsen. Nicht sehe ich auf den Glauben als Tugend: insoferne kommt er bei der Prädestination nicht in Betracht; aber der Grundfehler ist, daß man Christum und Glaube, Gnade und Glaube einander gegenüberstellt, als wäre durch den Ausdruck „intuitu fidei" die Gnade ausgeschlossen.

Prof. P i e p e r : Das thun wir nicht, daß wir Christum und den Glauben einander gegenüberstellen und auseinanderreißen; wir sagen vielmehr: Gott würde nicht erwählt haben in Christo, wenn er nicht zugleich in ein und demselben Beschluß der Erwählung auch beschlossen hätte, den Glauben zu geben. Wir lehren: Zu dem Beschluß der Erwählung g e h ö r t auch d e r Beschluß, uns durch den Glauben mit Christo zusammenzuschließen, und zwar ist das e i n Beschluß. Der gemachte Einwurf zeigt, daß man uns nicht recht verstanden hat.

Pastor A l l w a r d t : Aber die Frage ist doch, ob Gott in der Gnadenordnung erwählt hat? Da nun wohl gesagt wird, wir seien in Christo erwählt, aber auch, der Glaube komme bei der Handlung der Wahl nicht in Betracht, so heißt das doch nichts anders, als Christum und den Glauben scheiden.

Prof. P i e p e r : Ich wiederhole: Man versteht uns offenbar nicht recht. Wenn wir sagen, der Glaube f o l g e der Wahl, so sagen wir das nur in Bezug auf den Glauben i n d e r Zeit, nicht sofern er im Beschluß der Wahl eingeschlossen ist.

Pastor A l l w a r d t : Es ist hier nicht die Frage, ob der Glaube mit der Wahl zugleich zu setzen sei, sondern ob, wenn man vom Glauben redet, derselbe begrifflich der Wahl vorangehe oder folge?

In Folge der Erklärung Pastor K ö r n e r ' s , wie er bisher auf Grund der Stelle in der Epitome S. 556. § 13 den Ausdruck „intuitu fidei" verstanden habe, und in Folge des von ihm ausgesprochenen Wunsches, größere Klarheit über genannte Stelle zu bekommen, bemerkte

Dr. W a l t h e r : Weil Gott Niemanden will selig machen außer in Christo, darum hat er nicht absolut zur Seligkeit erwählt, sondern auch zu den Mitteln derselben, zu den Wirkungen der Mittel der Seligkeit, zum

Glauben, zur Heiligung und zur Erhaltung im Glauben. Es steht in dieser Stelle, daß Gott Niemand wolle selig machen, denn die, so an seinen Sohn glauben, nicht aber, daß er Niemand wolle erwählen, denn u. s. w. Das wird kein christlicher Lehrer leugnen, daß wir nur durch den Glauben an Christum selig werden; wo aber steht in der Schrift und im Bekenntniß, wir seien erwählt um des Glaubens willen, oder daß der Glaube vorausgesehen sei? Wer so redet und sagt, das sei Lehre des göttlichen Worts und der Bekenntnisse, der glossirt solches erst in die Bibel und in die symbolischen Bücher hinein. Wenn ein Christ einfältig das Bekenntniß lies't, so braucht er keinen Commentar zum Verständniß desselben in diesem Artikel. Um so auffälliger ist, wenn man immer anfangen muß, mit Commentaren zu kommen, wenn man Andern beweisen will, daß man mit ihnen stimme. Das ist ein bös Ding, wenn man immer erst Verbindungen machen muß, die nicht da stehen, und Ergänzungen einführen muß. In der zuletzt genannten Stelle steht kein Wort von einer Erwählung intuitu fidei.

Hierbei wies Dr. Walther auf das Verhalten von Chemnitz hin: Er wußte, daß die Pelagianer alle das „intuitu fidei" hatten und Augustinus ihnen offen entgegentrat. Warum sagt er nun nicht, daß Augustinus hier zu weit gegangen sei? Warum sagt er nicht vielmehr: Wir wollen das „intuitu fidei" mit hinein nehmen ins Bekenntniß? Man hüte sich doch, nicht den allgemeinen Heilsrathschluß mit der Erwählung zu verwechseln. Hieran scheitert gewöhnlich das Verständniß. Darauf muß geachtet werden, daß die Concordienformel lehrt: Willst du die Gnadenwahl recht lehren, so lehre erst die vollkommene Erlösung, den Weg zur Seligkeit, dann kommst du erst darauf, daß Gott auf Grund der allgemeinen Erlösung eine Anzahl Menschen zum Glauben zu bringen und auf demselben Weg zum Himmel zu führen beschlossen hat, auf welchem Wege er gerne alle Menschen dahin führen möchte. Wir können auf keinem andern Weg zur Gewißheit kommen, ob wir erwählt sind, als in Christo; finden wir uns daher in diesem, im Glauben an ihn, so sollen wir uns für Erwählte halten. Nicht durch Forschen in einem geheimen Rath, sondern allein auf diesem Weg werden wir der Erwählung gewiß. Es beweis't also diese Stelle, daß die Erwählung zur Seligkeit zugleich eine Erwählung zum Weg der Seligkeit ist.

Prof. Stellhorn machte geltend: In § 65 wird nicht unsere Erwählung genannt, sondern die Wahl überhaupt. Diese ewige Wahl soll nicht außer, sondern in Christo betrachtet werden. Nicht ist also hier die Rede von meiner persönlichen Erwählung, sondern von der Wahl überhaupt; von dieser wird gesagt, sie sei im gepredigten Wort geoffenbaret, und zum Zeugniß werden lauter solche Sprüche angeführt, wie z. B. „Also hat Gott die Welt geliebet" u. s. w., die nichts enthalten, als den allgemeinen Heilsweg; darum ist die Festsetzung des allgemeinen Heilswegs als der hauptsächlichste Theil der Wahl zu fassen. Damit stimme ich vollkommen, daß Gott Niemand selig mache, als in Christo, und er also in Christo erwählt habe. Aber ebenso ist es auch mit dem Glauben. Es wird mit Rücksicht auf den Glauben erwählt, das heißt eben: in Christo, in Rücksicht auf den durch den Glauben von uns ergriffenen Christum. Wie kommt es denn, daß ein Hauptverfasser der Concordienformel, Andreä, im Colloquium mit den Calvinisten, dem Beza gegenüber, der ihnen vorwarf, daß wir den Glauben als causa ansähen, genau aussprach, was wir lehren, wobei wir auch den Glauben als Geschenk Gottes fassen. Man kann sich doch nicht denken, daß die eifrigsten, treuesten Lehrer ihre Stimme nicht dagegen erhoben und bezeugt haben sollten: Das ist ja falsch, ihr seid im Irrthum, davon steht ja gar nichts in diesem Artikel!

Auf diese historischen Anmerkungen entgegnete Dr. Walther: Hier ist eine Berichtigung nöthig. Andreä hat im Colloquium nicht ausgesagt, daß wir erwählt seien, weil wir glauben, sondern: nachdem Beza seine Rede ausgegeben und dies in derselben den Lutheranern entgegengehalten hat, hat ihn Andreä nicht recht zurückgewiesen. Andreä war eben kein Chemnitz. Chemnitz, an den sich Andreä immer hielt, von dem zu lernen er bemüthig genug war, war todt. Er hätte auf jenen Vorwurf Beza's sagen sollen: Wir haben das nicht so gesagt, wie es hier ausgesprochen steht; statt dessen läßt er es stehen und sucht es zu rechtfertigen, — nicht als ob die Sache wirklich so gewesen wäre; denn Beza hatte es erst hinzugesetzt, als er das Colloquium herausgab. Andreä gibt nun zwar Beza so auch einen tüchtigen Schlag, aber besser hätte er gesagt: Schau' nur in's Colloquium, so haben wir nicht gesagt.

An diese historische Bemerkung knüpfte Dr. Walther noch Folgendes: Wer zuviel beweis't, beweis't nichts; wer sich aber auf die genannte Stelle beruft, der beweis't eben zu viel. Denn jenes „weil" werden doch die Opponenten nicht unterschreiben. Vergeblich sucht man solche Reden in Chemnitz, Kirchner, Selnecker; man findet sie nicht. Der Letztere sagt geradezu, es sei verkehrt, so zu reden, daß wir erwählt seien, weil Gott den Glauben vorhersah. Kirchner aber, obwohl noch lange kein Chemnitz, wandelt doch ganz in seinen Fußstapfen, sein „Enchiridion" ist ein wahres Goldbuch.

Dr. Walther wies aber darauf hin, daß es gewiß besser sei, sich jetzt nicht auf Autoritäten zu berufen, wodurch man nicht an's Ziel komme.

Pastor Stöckhardt bemerkte: Wir sind durch schriftliche Entgegnungen über den Artikel in „Lehre und Wehre" angegriffen, wo wir sagen, daß wir zum Glauben berufen sind. Ich muß hier erklären, daß das nichts anders heißt, als daß Gott bei der Wahl zugleich beschlossen hat, uns den Glauben zu geben. Die Stellung der Opponenten ist nun zwar insofern eine andere geworden, als sie diesen Satz nicht mehr unbedingt verwerfen.

Wie denn „zum Glauben erwählen" keine andere Meinung hat, als daß Gott beschlossen hat, die Erwählten auf dem Heilswege zur Seligkeit zu führen und ihnen den Glauben zu geben. Aber der Unterschied ist noch da, daß sie noch sagen: Gott habe den Glauben vorhergesehen; sie setzen also den Glauben zweimal. Ist das nicht ein Widerspruch? Erst werden von Gott bestimmte Personen in Christo gesehen, also nach Meinung der Opponenten im Glauben gesehen; dann folgt der Beschluß, ihnen den Glauben zu schenken. Was heißt denn „zum Glauben"? Doch nichts anders, als: zum Gehorsam, zur Kindschaft. Hat denn nun Gott die erwählt, so er schon durch den Glauben gläubig, gerechtfertigt sah, und dann beschlossen, diese auf dem Weg zum Glauben und zur Rechtfertigung zu bringen? Entweder das Eine oder das Andere.

Dagegen erklärte Pastor Allwardt, daß er noch ebenso stehe, wie vorher. In den 8 Punkten stelle die Concordienformel die Gnadenordnung auf, darnach sage sie: Gott habe nicht nur insgemein die Seligkeit bereitet, sondern auch alle und jede Personen auf die eben angegebene Weise verordnet. Gott hat nicht nur für die ganze Welt die Gnadenmittel verordnet und der Erlösungsbeschluß ist ein allgemeiner, sondern er wußte auch die einzelnen Personen, welche es sein würden, die in jener Ordnung zur Seligkeit gelangen würden. Das „zum Glauben erwählt" verwerfe Redner (Pastor Allwardt) noch immer, wenn darunter eine Verordnung verstanden werde, die da scheidet zwischen zwei Personen. Diese Lehre nehme allen Trost; Keiner wisse, ob er erwählt sei, wenn hier eine Auswahl einzelner Personen von Seiten Gottes vorläge; das könne er also nicht zugeben.

Prof. Pieper: Von der andern Seite ist wiederholt gesagt worden, daß in den 8 Punkten eine genaue Begriffsbestimmung der Wahl vorliege. Nun gehört aber gerade zu der Wahl, die sie allein für die richtige hält, nothwendig das Vorhersehen des Glaubens. Ist es nun nicht äußerst eigenthümlich, daß die Concordienformel gerade das ausgelassen hat, was nach der Opponenten Anschauung ganz wesentlich ist, um den Begriff vollständig zu machen? Ich wiederhole es: Ohne den Begriff der praevisio halte ich das, was die Brüder von der Wahl sagen, für ganz unverständlich. Die Wahl hat nach jener Seite zwei Theile: der erste Theil ist die Wahl der Mittel, der zweite die der Personen; um diese zwei Stücke zu einem Ganzen zu verbinden, bedarf man doch nothwendig des Vorhersehens des Glaubens. Und gerade dies Mittelglied wäre ausgelassen, das durchaus nothwendig wäre, um das Ganze zu verstehen? Die Brüder müssen, um ihre Meinung in §§ 15—23 zu finden, nach den Worten: „Gott hat nicht nur insgemein die Seligkeit bereitet, sondern hat auch" in § 23 die Worte einschieben: „nachdem er vorausgesehen hat, daß diese bestimmten Personen den allgemeinen Heilsweg betreten und darauf verharren würden", und können dann erst mit den Worten des Bekenntnisses fortfahren:

„alle und jede Personen der Auserwählten" u. s. w. — Ich will auch noch hinweisen auf § 8. Dort heißt es: „Die ewige Wahl Gottes aber siehet und weiß nicht allein zuvor der Auserwählten Seligkeit" u. s. w. Was das Gewirkte ꝛc. sei, wird in § 45 weiter ausgeführt. Dort werden genannt: die Bekehrung und die Rechtfertigung. Sind nun diese eine Folge der Wahl, so hat doch das Voraussehen des Glaubens keinen Sinn mehr. Von einer Wahl aber im weiteren Sinne, und von dem sogenannten ersten Theil, von den 8 Punkten kann hier in dieser Stelle nicht die Rede sein, die Erlösung von Christo wird hier bereits vorausgesetzt. Es heißt ausdrücklich: „in Christo JEsu"; also ist von dem Wohlgefallen Gottes die Rede, das sich auf Christum gründet, das die Erlösung von Christo zum Grund hat. So folgt, daß hier nur von der Wahl im sogenannten engeren Sinn die Rede sein kann, von welcher bezeugt wird, daß eine Folge derselben sei die Bekehrung und Rechtfertigung.

Einer der Opponenten (Prof. Stellhorn) verwahrte sich dagegen, daß er seinen Beweis nur aus den 8 Punkten habe führen wollen, es sei eben vielmehr § 23 mitzunehmen. In diesem Paragraph werde der Ausdruck gebraucht: „clementer praescivit"; im Deutschen werde es mit den Worten gegeben: „in Gnaden bedacht". Nun ließe sich ja nicht leugnen, daß in diesem deutschen Wort „bedacht" mehr liege als im lateinischen „praescire". Konnte aber hier die Uebersetzung mit diesem Wort von Chemnitz stehen gelassen werden, so folge doch daraus, daß hier auch im Deutschen der Begriff von praescire, vorauswissen, mitenthalten sein müsse. Im Texte folgen nach den Worten: „in Gnaden bedacht" die Worte: „zur Seligkeit erwählt"; so zeige hier der Zusammenhang, wie nach dem Bekenntniß das Vorauswissen der Erwählung vorhergehe, und so lehreten auch die Dogmatiker. Derselbe Redner sagte, aus § 3, wo praevisio und praescientia streng von praedestinatio geschieden würden und gesagt werde, daß jenes nur Vorherwissen bezeichne, und aus § 9, wo praevisio auch so gebraucht und als ein Theil der Wahl, wenn auch nicht als der einzige Theil, bezeichnet werde, sehe man, daß man in dem „praescivit" in § 23 jene Bedeutung des Worts, das Vorherwissen, finden dürfe. In § 9 werde praevisio und delectus unterschieden und in § 23 würden diese in der richtigen Reihenfolge eingeführt: erst der allgemeine Heilsrathschluß, dann die praevisio, dann der delectus.

Vertagung mit dem Gebet des HErrn.

A. Krafft, Secr.

Neunte Sitzung.

Montag Nachmittag, den 4. October.

Die Verhandlungen wurden mit einem liturgischen Gottesdienst eröffnet. Das Protokoll der Freitag-Nachmittags-Sitzung wurde verlesen und nach geschehener Correctur angenommen. Hierauf ward, nachdem Director Krauß für diese Sitzung zum Protokollanten ernannt war, die Debatte fortgesetzt.

Prof. Stellhorn: Es wurde von Hrn. Prof. Pieper aufmerksam gemacht auf S. 705. § 8, wornach die Wahl ist „eine Ursach, so da unsere Seligkeit und was dazu gehört, schaffet, wirket, hilft und befördert." Daraus soll bewiesen werden, daß die Erlösung hiernach nicht zu der Wahl gehöre, von welcher die Concordienformel handelt, sondern daß die Erlösung vorausgesetzt werde. Nun steht es mir von vornherein fest, daß dieser Ausdruck, auch wenn ich ihn mir nicht auf genügende Weise erklären könnte, nicht streiten kann gegen § 15, wo ausdrücklich die Erlösung und Versöhnung des menschlichen Geschlechts als eines, als das erste der Stücke genannt wird, die zum Rath und Fürsatz Gottes gehören und nach der Concordienformel gleichbedeutend sind mit der Gnadenwahl. Aber auch nach dem ganzen Inhalt der Concordienformel, wo es § 67 heißt, die Wahl sei geoffenbart in den Sprüchen: „Thut Buße" ꝛc., „Das ist der Wille des" ꝛc., muß ich glauben, daß gerade die Festsetzung des allgemeinen Heilsweges und demnach auch die Erlösung den bedeutendsten Theil des Wahlrathschlusses ausmache. — Ich erkläre das so: Hätte Gott nicht Wohlgefallen an Christo gehabt, so hätte Er nicht beschlossen, Ihn zum Heiland der Menschen zu bestimmen. Also „in Christo" hat nach Schrift und Concordienformel die Wahl stattgefunden, d. h., in Christo, sofern Er im Glauben ergriffen ist; nicht nur, sofern Er für Alle da ist. Denn wenn Christus nur, sofern Er für Alle da ist, Grund der Wahl hätte sein sollen, so hätte Gott alle Menschen erwählen können gegen die deutliche Lehre der Concordienformel. Und hätte Er das thun können und doch nicht gethan, so wäre der Grund davon in Seinem Willen gelegen gewesen, abermals gegen die Concordienformel, wornach der vorausgesehene Unglaube Gott hindert, die allermeisten Menschen zu erwählen. Folglich kann Er die, welche Er erwählt hat, nicht im hartnäckigen Unglauben gesehen haben, sondern muß sie im Glauben gesehen haben. Als Gott das Verwerfungs-Urtheil fällte, sah Er darauf, daß Er hartnäckigen Unglauben sah. Wo dies der Fall war, sprach Er es aus; hätte Er ihn überall gesehen, so hätte Er Niemand erwählen können. Und daß Er da, wo Er hartnäckigen Unglauben sah, nicht erwählt hat, ist Lehre der Concordienformel. — Wo Gott also den nicht sieht, erwählt Er.

Prof. Pieper: Ich will auf einzelne Punkte kurz eingehen. Zunächst berief sich Hr. Prof. Stellhorn auf das „clementer praescivit" in § 23 für die praevisio fidei. Doch ist das „in Gnaden bedacht" damit so wiedergegeben, daß die praevisio nicht ein Act der göttlichen All= wissenheit sein kann; sondern es wird ein Willensact hier beschrieben, ein gnädiges Wohlgefallen Gottes. Das geht hervor aus dem Zusatz „clementer". Denn „in Gnaden vorherwissen" gibt gar keinen Sinn. Das Chemnitz damit gemeint hat, tritt noch deutlicher hervor im „Enchi= ridion", wo es heißt: „nach seinem gnädigen Vorsatz bedacht." Da ist nun jede Möglichkeit ausgeschlossen, etwa blos an die göttliche All= wissenheit zu denken. Man muß also „clementer praescivit" auf einen Willensact, auf das gnädige Wohlgefallen Gottes beziehen. — Sodann führt Hr. Prof. Stellhorn §§ 3 und 5 an, wo praescientia und praedesti= natio einander gegenüber gestellt werden. Das ist nun wahr: dort ist praescientia nichts anderes als die göttliche Allwissenheit; die Concordien= formel aber braucht praescientia auch sonst noch anders, wo eben solche Gegenüberstellung nicht stattfindet; z. B. § 13 kommt es in der Reihe von Ausdrücken vor, welche für „Prädestination" gebraucht werden. Dort wer= den praescientia und electio vertauscht. Daraus folgt, daß praescientia nicht blos von der Allwissenheit gebraucht werde in der Concordienformel, und das „clementer" beweis't es vollends. Dann hat sich Hr. Prof. Stellhorn für das „intuitu fidei" berufen auf § 9. Da heißt es: „Die= selbe ewige Wahl... zuvor ersehen (praeviderit)... verdammt sollten werden." Dieser Gedanke wird noch weiter ausgeführt § 54: „Also ist daran kein Zweifel... darauf er uns weiset, halten." Wenn Hr. Prof. Stellhorn auf diese Aussagen die Meinung gründet, die Concordienformel lehre eine praevisio fidei, so beweis't er viel zu viel. Denn von der prae= visio fidei, von welcher die Concordienformel hier handelt, will sie ja die Augen ganz und gar abgezogen haben; und Prof. Stellhorn macht sie doch zu einem Erklärungsgrund. Aber die Concordienformel meint hier eben ein ganz anderes praevidere. Sie will offenbar sagen: Der liebe Gott hat keinen Katalog der Auserwählten veröffentlicht, Er hat einen, aber Er hat ihn nicht veröffentlicht. Er will haben, daß ihr in's Evangelium geht, da werdet ihr eure Namen finden und eurer Wahl gewiß werden. — Ferner, wenn es § 8 heißt: „Die ewige Wahl Gottes... befördert", so paßt das allerdings nicht zu Ihrem Begriff von der sogenannten „Wahl im weiteren Sinn". Denn Sie sagen doch: „Die Wahl, sofern sie ordinatio mediorum, schafft vor allen Dingen die Erlösung des menschlichen Geschlechtes. Das ist der erste Punkt unter den acht. Hier wird aber gesagt, nicht, daß diese Wahl die Erlösung schafft, sondern daß die Wahl ein Wohlgefallen Gottes ist, gegründet auf die geschehene Erlösung in Christo JEsu, welche nun die Seligkeit schafft, d. h., welche es bewirkt, daß die von Christo erworbene Seligkeit in der Zeit den einzelnen Personen zu Theil wird. — Noch will ich auf einige allgemeine Bemerkungen Hrn. Prof. Stell= horn's eingehen. Er schließt: Wenn Gott verworfen hat in Ansehung des

Unglaubens, so muß Er auch erwählt haben in Ansehung des Glaubens. Das folgt daraus nicht. Man muß nur von dem richtigen anthropologischen Satz ausgehen, den auch unsere Concordienformel in die Mitte stellt, nämlich daß der Mensch nichts thun könne zu seiner Seligkeit, alles aber zu seiner Verdammniß. So kann man, wenn man, ohne in die sedes doctrinae einzugehen, die Lehre von der Gnadenwahl construiren würde aus anderen richtig verstandenen Lehrartikeln, auf folgenden Artikel kommen: Gott hat bei Seiner Wahl nichts Gutes gesehen in dem Menschen, weil nach der Sünde ja gar nichts Gutes im Menschen ist, kein Princip, wodurch er das Gute wirken kann; aber wohl hat Er alles in ihm vorausgesehen, was die Verdammniß wirken kann; denn für das Böse ist der Mensch überaus thätig. Also nochmals: Daraus, daß Gott den Unglauben vorausgesehen hat in denen, die verdammt werden, folgt nicht, daß Er auch den Glauben angesehen hat in denen, die Er erwählt hat. Weil das so liegt, mußten sich die alten Dogmatiker immerwährend gegen den Synergismus verwahren. Wenn Jemand den Satz hört: „erwählt in Ansehung des Glaubens, verworfen in Ansehung des Unglaubens", kommt er sicherlich auf den Gedanken: Wie im Menschen die Kraft zum Unglauben ist, so auch zum Glauben. Dagegen hatten sie sich immer zu verwahren.

Pastor Zorn: Ich wollte nur bemerken: Hr. Prof. Stellhorn hatte sich auf § 65 berufen und gesagt, daß nach diesem Paragraphen nicht von der Wahl der einzelnen Personen, sondern von der Bestimmung der Heilsordnung die Rede sei. Zum Beweis führt er an, daß ja diese Wahl offenbar würde durch die Worte: „Das ist mein lieber Sohn" 2c. Aber das ist ja ganz falsch. § 65 sagt, diese ewige Wahl sei eine Wahl in Christo. Wenn nun die Wahl die Verordnung des Heils ist, wie kann man dann, daß Christus verordnet ist, in Christo betrachten! — Ferner: daß Eph. 1. „in Christo erwählt" von den einzelnen Auserwählten handelt, ist schon immer gezeigt worden. Das ist der 2te Grund, weshalb Prof. Stellhorn Unrecht hat. Was aber die Wahl der einzelnen Personen anlangt, so wird dem einzelnen Gläubigen seine Wahl nur offenbar im Evangelium; von Anderen aber können wir, ob sie erwählt sind, nicht ergründen.

Pastor Allwardt: Es bleibt doch fest bestehen, daß, während wir die Gerechtigkeit verloren haben und sammt und sonders verdammt und verloren sein müßten, doch Gott andererseits Einige angenommen hat zu Gnaden und daß Er das nicht gethan hat ohne ein theures Lösegeld; und wie bei denen, welche nicht glauben, ihr Unglaube der Grund ihrer Verwerfung ist, so ist's anbrerseits für die Gläubigen Christus, der den ganzen Schaden ersetzt. — Ich bin sehr damit zufrieden, daß sich Hr. Prof. Pieper auf das „Enchiridion" bezog. Dieses nämlich sagt beim 8. Punkt: „daß Gott diejenigen, die er berufen und gerecht gemacht hat, bo (= wenn) sie beharren bis ans Ende ... im ewigen Leben selig und herrlich machen wolle." (Frank, Theologie der Concordienformel. IV, 335.) Auch die an=

dern Punkte haben dies „da" und „wenn". Chemnitz hat hier nicht geredet von dem, was Gott für die Erwählten allein thun will. Es heißt § 18, daß „Gott alle die, so in wahrer Buße Christum annehmen ... annehmen wolle". Im „Enchiridion" wird ausdrücklich hinzugesetzt: „welche das nicht thun, wolle Er verdammen." — Das „Enchiridion" läßt nicht zu, daß, was in den 8 Punkten gesagt ist, allein auf die Auserwählten bezogen werde. — Ich begreife gar nicht, wie man bei uns Synergismus wittern kann? Wenn Gott dieselbe Gnade, die Er den Auserwählten gibt, ausgießt über das ganze Menschengeschlecht, und wir sagen: „nur deshalb ist eine Wahl nöthig, weil die Allermeisten muthwillig widerstreben", so heißt das doch nicht: sich selbst entscheiden. Freilich ist das „Enchiridion" für uns nicht bindend, sondern die Concordienformel. Aber ich bin fest überzeugt, daß Chemnitz in der letzteren keine andere Stellung als im ersteren eingenommen hat. Das „wo" sie an Gottes Wort sich halten in § 21 und das „alle die" in § 18 kann ich damit nicht reimen, daß hier von dem Weg die Rede sein soll, den Gott die Auserwählten führt.

Prof. Pieper: Daß in den 8 Punkten vom allgemeinen Heilsweg die Rede ist, darin sind wir einig. Aber Sie sagen: Er kommt hier in Betracht, sofern Alle ihn gehen sollen; wir: Sofern die Auserwählten ihn und keinen anderen gehen sollen. Daß das Letztere richtig sei, erweis't die Einleitung. Es heißt da § 13 ausdrücklich, daß „von der Verordnung der Kinder Gottes zum ewigen Leben" geredet werden soll. — Ferner sage ich: Stünde in den folgenden 8 Punkten nicht das bedingende „wenn" und „wo", so könnte ich meiner Wahl nicht gewiß bleiben. Das ist freilich gerade, was Sie stößt. Ich habe ja noch Fleisch und Blut an mir; und wenn Gott mir nicht zuriefe: „Wenn du bleibst, fleißig betest" ꝛc., würde ich die Gewißheit meiner Wahl verlieren und in fleischliche Sicherheit fallen. Also nothwendig muß so geredet sein, weil eben der Auserwählte gerade so ein Mensch ist, von demselben Stoff wie die andern. Und weil die Auserwählten gerade denselben Weg geführt werden, wie die andern, so muß der Heilsweg auch für sie gerade so beschrieben werden, wie bei den andern. Wie will ein Auserwählter wissen, daß er ein Erlöster ist, wenn ihm nicht gesagt ist: Die ganze Menschheit ist erlös't? wie will er wissen, daß Gott ihm gnädig, wenn er nicht hört, daß Gott Alle ernstlich berufen will? Also es muß gerade der allgemeine Heilsweg beschrieben werden, wenn der Weg beschrieben werden soll, den die Auserwählten gehen.

Pastor Allwardt: Ich sage nicht, daß nicht von den Auserwählten die Rede sei, sondern: nicht blos von ihnen. Das befriedigt uns keineswegs, daß Gott durch diese Bedingung dem Glauben vorbeugen wollte, als sei ein anderer Weg für die Auserwählten denn für die andern Menschen. Es ist ein ewiger Beschluß, von dem hier die Rede ist. Und in diesem soll Gott verordnet haben: „Ich will meine Auserwählten im Glauben erhalten", und soll die Bedingung hinzusetzen: „so sie mein Wort halten"!

Dr. Walther: Das „Enchiridion" wurde von Hrn. Prof. Pieper deswegen citirt, weil im „Enchiridion", aus welchem § 23 genommen ist, gesagt ist, Gott habe den Auserwählten „aus gnädigem Fürsatz zugedacht die ewige Seligkeit und was dazu nöthig ist"; also nicht, weil er die Lehre daraus wollte nachweisen; das wäre ja verkehrt, denn das haben wir uns schon verbeten. Die Ausführung hatte also einen ganz andern Grund.

Das „Enchiridion" ist ursprünglich deutsch von Chemnitz geschrieben und schon im Jahre 1574 von Zanner ins Lateinische übersetzt worden, und diese Uebersetzung ist soweit beibehalten worden in der lateinischen Uebersetzung der Concordienformel, als der Text dem „Enchiridion" entnommen ist. Daher kommt's, daß das „clementer praescivit" hineingekommen ist, wiewohl Hr. Prof. Pieper schon vortrefflich nachgewiesen hat, daß Sie auch damit gar nichts anfangen können für Ihre Sache; Sie können sich vollends gar nicht darauf beziehen. Wir sehen ja deutlich: Diese 8 Punkte sind ganz überarbeitet. Der Rathschluß der Verwerfung, der dort stand, ist in der Concordienformel ausgelassen. Es muß ja Chemnitz ohne Zweifel wichtige Gründe gehabt haben, warum er das alles streicht, und so hat er denn auch nicht so hypothetisch in der Concordienformel, wie im Handbüchlein, geredet. Aber dem möchte sein, wie ihm wollte. Sie sollen uns nicht aus dem „Enchiridion" die Concordienformel auslegen wollen. Wenn sich's um den Ausdruck handelt, ist es etwas anderes. Das hat selbst Frank in Erlangen gesagt: Allerdings, das clementer praescire wäre kein ganz genauer, accurater Ausdruck im Lateinischen, aber es sei eben aus dem Lateinischen*) genommen, und so müsse man sich in der Hauptsache ans Deutsche halten. — Es ist Unsinn, zu sagen: Ich habe das gütig vorausgewußt. Welcher Mensch von gesundem Verstand wird so sagen: Ich habe das ganz gütig vorausgewußt! Voraus wissen ist eine Thätigkeit des Verstandes, gütig sein Thätigkeit des Willens. Das „clementer" nimmt Ihnen, was Sie aus dem praescivit construiren wollen. Ach, lieber Bruder, wenn Sie doch auch etwas einfacher die Sache ansähen und Scheu hätten zu construiren! Das thut gar großen Schaden. Doch ich bin Ihr Schulmeister nicht. — Nun möchte ich aber noch zu dem, was bereits bemerkt worden ist davon, daß der Mensch wohl Kraft habe zu widerstreben, aber keine Kraft anzunehmen, etwas bemerken. Wenn man sagt: Da der Mensch die Bekehrung hindern kann, so muß er auch die Kraft haben, sie anzunehmen, so haben das unsere alten Theologen durchaus verdammt als eine schändliche, gottlose, pelagianische Lehre. Wenn man aus der Möglichkeit, die Gnade wegzuwerfen, die Möglichkeit construirt, die Gnade anzunehmen, ist dies durchaus falsch. Denn das folgt gar nicht, dieweil das Böse in uns ist, das Gute aber muß Gott erst in uns hineingeben. — Aber da hat es nun freilich Hr. Prof. Stellhorn nach meiner Ueberzeugung sehr bedenklich ge-

---

*) Zanner's. — Anm. des Protokollanten.

macht, indem er §§ 34—43 citirte. Er will hieraus beweisen, daß der liebe Gott müsse auf Grund seiner Voraussetzung des Glaubens erwählt haben. Wie sucht er das zu beweisen? Damit, daß er zeigt, unsere Concordienformel sagt: „Der Mensch ist darum nicht erwählt, weil er widerstrebt"; also, läßt er uns schließen, muß auch eine Ursache im Menschen sein oder irgend etwas Aehnliches, nenne man's Erklärungsgrund oder wie man wolle, auf der andern Seite. Das wäre eine ebenso gefährliche Lehre, wie jene Lehre im Locus von der Bekehrung. Nun ist es wahr: Hr. Prof. Stellhorn hat hauptsächlich auf § 40 hingewiesen, S. 712. Da ist einiger Schein für seine Behauptung, aber wahrlich nur ein Schein, wie ich gleich zeigen will. Dort heißt es: „Wie Gott in seinem Rath verordnet hat..., also hat er auch...", wobei das Augenmerk auf „die Auserwählten" im ersten Satzgliede zu richten ist. Es ist ganz offenbar, daß in all diesen Paragraphen nicht gezeigt werden soll, warum Leute erwählt sind — kein Wort davon —, sondern warum Leute nicht erwählt sind. Das ist ein großer Unterschied! Das hat uns Gott wohl geoffenbart, warum Leute nicht erwählt sind, trotzdem daß Gott will, daß allen Menschen geholfen werde, trotzdem daß der gute Hirte alle Welt zu sich ruft. Sie haben eben nicht gewollt. Das ist die Ursache. Aber nicht so bei der Erwählung; da liegt die Ursache nur in Gott, nicht im Menschen. — Nun wurde darauf hingewiesen, hier werde ja Beides einander gegenübergestellt. Aber das ist ein Irrthum. Es heißt nicht etwa: Wie Gott diejenigen, welche berufen, erleuchtet und bekehrt werden, welche durch den rechten Glauben an Christum gerecht und selig werden, erwählen will, so habe er jene, die da widerstreben, verdammen wollen. Das steht nicht da; sondern im Gegentheil: erst wird schon von denen geredet, die erwählt sind. Es wird nicht gesagt, unter welchen Bedingungen Gott Menschen erwählen wolle, sondern es wird etwas von den Erwählten ausgesagt. Was denn? „Sondern wie Gott in seinem Rath... die Auserwählten." Es wird also da der gnädige Rathschluß genannt, den Gott gefaßt hat in Absicht auf die Erwählten. Aber gar nichts wird davon gesagt, was Gott dazu bewogen habe, nur daß angedeutet wird: „in seinem Rath." Aber von jenen wird gesagt: Wenn sie widerstreben, verwirft sie Gott und verdammt sie. Das war also die Stelle, die einigen Schein hat. Aber nun zeige man mir in §§ 34—43 ein einziges Wort, wo etwas davon gesagt wird, warum die Auserwählten Auserwählte sind. Man zeige mir's, es steht nicht da. Ich sage im Gegentheil: Wer da schließt, daß, weil Menschen um des Unglaubens willen verworfen sind, die andern um ihres Glaubens willen erwählt sind, macht sich verdächtig des schrecklichsten Synergismus, den ich natürlich Hrn. Prof. Stellhorn nicht beimessen will. Aber er mag uns nun zeigen, wie er diesem Verdachte entrinnt, indem er aus diesen Paragraphen beweis't, daß Gott in Voraussetzung des Glaubens eine gewisse Anzahl von Menschen erwählt habe!

Prof. Stellhorn: Ich antworte Hrn.-Prof. Pieper auf das über den Gebrauch von praescire und praescientia Gesagte. Ich habe zugegeben, daß § 23 das Wort „bedacht" nicht blos einen Act der Allwissenheit bezeichne. Aber ebenso, wie es mit πρόγνωσις steht, so auch mit praescire. Beide bedeuten einen Act der Erkenntniß und der Allwissenheit und bedeuten ihn zunächst und in erster Linie, ja, sie können nirgends eine solche Bedeutung haben, daß jene erste Bedeutung ausgeschlossen wäre und nicht vielmehr die Hauptbedeutung bliebe. Es kann ja noch eine andere hinzukommen. — In Bezug auf das, was Hr. Dr. Walther vorgebracht hat, so glaube ich noch immer, daß S. 711. §§ 34—41 nicht nur die Ursache angegeben wird, warum Wenige erwählt sind, sondern auch die Regel, nach welcher Gott erwählt. Denn ich meine, das kann gar nicht sein, daß es heißt: Wenige sind auserwählt, weil die Meisten widerstreben —, wenn ich nicht die praevisio zu Hilfe nehme. Dann würde das gar nicht passen. Denn wie könnte das eine Ursache davon sein, daß Wenige erwählt sind, daß die Meisten widerstreben! Die praevisio ist nur für uns allerdings ein Erklärungsgrund dafür, daß der liebe Gott, der doch sogar geschworen hat, daß er alle Menschen selig machen wolle, doch nur wenige Menschen erwählen konnte. Aber deswegen kann der Inhalt der praevisio doch ein Geheimniß für uns sein. Sie ist nur Erklärungsgrund. Die Personen, welche vorhergesehen worden sind, sind uns ein Geheimniß. — §§ 54—71 sind mir bis jetzt noch ein unzweifelhafter Beweis dafür, daß ich Recht habe, wenn ich annehme, daß in §§ 34—43 auch die Regel angegeben worden ist, nach welcher Gott bei der Wahl verfuhr. Denn dort heißt es (nachdem die Frage abgehandelt worden ist, woher es komme, daß nur Wenige auserwählt sind?): „Und insofern ist uns das Geheimniß geoffenbaret" 2c. Seite 715. §§ 52 ff. wird angegeben, daß es allerdings Geheimnisse gebe in der Lehre von der Gnadenwahl. Und nun frage ich: Wenn die Regel, nach welcher Gott erwählt hat, uns verborgen wäre, müßte die nicht das erste Geheimniß sein, das angegeben wäre? Ich bin überzeugt, daß jeder der Herren Opponenten als Hauptgeheimniß das nennen würde, daß wir eben nicht wissen, nach welcher Regel Gott dabei verfahren ist. Denn das wäre das Geheimniß aller Geheimnisse dabei. — Das ist zwar ein Argument e silentio, aber ein sehr wichtiges. Wenn ich die Concordienformel darin falsch verstünde, daß sie §§ 34—43 auch sagen will, nach welcher Regel Gott bei der Wahl verfahren ist, so müßte das Hauptgeheimniß das genannte sein, daß wir die Regel nicht kennen. — Hr. Prof. Pieper wollte vorhin sagen, das „intuitu fidei" würde umgestoßen dadurch, daß der Mensch zu seiner Seligkeit nichts thun könne. Der Glaube ist ja aber gar nicht etwas, was der Mensch thut, ist nicht ein Werk des Menschen, kommt nicht in Betracht als Werk eines Menschen, sondern lediglich als Geschenk Gottes, als Nehmehand, die nöthig ist, um des Verdienstes Christi theilhaftig zu werden, als Nehmehand, die nur Gott geben und erhalten kann. — Ich sage mit unsern Alten: Die Wahl hat stattgefunden intuitu fidei, die Nichtwahl intuitu incredulitatis. Aber Glaube und Unglaube stehen sich natürlich nicht gleich, denn der Glaube ist ein Werk Gottes, der Unglaube ein Werk des Menschen. Aber die Regel, nach welcher gewählt und zurückgelassen wird, muß nach meiner Ueberzeugung dieselbe sein. Wenn ich nach einer bestimmten Regel Einige auswähle, bleiben nach derselben Regel Andere zurück. Ich kann nicht sagen: Ich habe eine Regel, darnach wähle ich aus, und ich habe eine andere, darnach wähle ich nicht aus. — Aus § 13. soll folgen, daß die Wahl der Concordienformel nicht eine Wahl im weiteren Sinn sein könne. Zu dieser Wahl gehört aber nach der Concordienformel auch die Wahl des allgemeinen Heilsweges; denn auch von einer Wahl der Mittel kann man reden. Natürlich sollen nicht die Mittel selig werden, sondern gerade die Mittel hat Gott vorherbestimmt. Und auf diesen allgemeinen Heilsweg muß sich nach meiner Ueberzeugung die particuläre Auswahl der Personen gründen, wenn sie tröstlich sein soll. Es muß der 2te Theil der Auswahl wirklich sein eine Application des Heilsweges auf den Einzelnen. Nur dann können wir uns trösten, wenn die Wahl der Personen nichts anderes ist als die durch das Vorhersehen Gottes vermittelte Application des allgemeinen Heilsweges. Bei der Position unserer Gegner ist die Wahl nicht wirklich auf den allgemeinen Heilsweg bezogen, sondern geht neben demselben her als etwas Besonderes, davon geschieden durch eine große Kluft. Da hat man zwei Ordnungen Gottes: einen allgemeinen Heilsweg und eine particuläre Wahl. Nach der letzteren gehts schließlich. Bei jener Lehre hat Gott keine Rücksicht auf die Heilsordnung genommen, daß er sie zur Norm seiner Wahl gemacht hätte. Die wirkliche Erlangung der Seligkeit hängt also schließlich und ausschließlich von der particulären Auswahl ab. Von der allgemeinen Gnade hängt bei Ihnen nichts ab, von der Gnadenwahl alles. Befinde ich mich auf dem Heilsweg und bin nicht erwählt, so kann ich nicht selig werden, mag ich auch, wie es im Synodalberichte heißt, noch so fleißig Gottes Wort hören, beten u. s. w. Und gleichwohl, ob ich erwählt sei, soll ich merken aus dem allgemeinen Heilswillen, von dem die Wahl durch eine große Kluft geschieden ist. Wie kann ich mich also vom allgemeinen Heilswillen her meiner Wahl trösten? wie des allgemeinen Heilsweges, auf den es doch schließlich nicht ankommt? Wie soll sich da ein Angefochtener trösten, da dieser Trost doch für die Angefochtenen nicht ausreicht? Man muß ja doch auf den allgemeinen Heilsweg und Heilswillen zurückgehen. Das ist gerade mein innerster Grund, warum ich gegen Ihre Lehre bin. Sie zerstört den Trostgrund, der aus dem allgemeinen Heilswillen fließt.

Dr. Walther: Diese Gegenüberstellung der Gnadenwahl und des allgemeinen Heilswegs ist ein reines Gedicht des Herrn Professors. Das thun wir gar nicht. Im Gegentheil: wir nehmen die Heilsordnung mit herein und sagen: Wer nicht zum Glauben gekommen oder wer wieder abgefallen ist, der kann sich nicht unter die Auserwählten rechnen. Hingegen wer zum Glauben gekommen ist, in der Heiligung steht, im Kreuz gedulbig ist, fleißig betet, alle Gnadenmittel treulich gebraucht, der kann es allein glauben, er sei erwählt. Also gerade unsere Lehre von der Gnadenwahl sagt: Der liebe Gott will dich, wenn du selig werden sollst, allein auf dem Weg der Heilsordnung zur Seligkeit bringen. Was ist also das für eine Rede, wir rissen es auseinander! Im Gegentheil: unsere Herren Opponenten reißen es auseinander. Die sprechen nur vom allgemeinen Heilsweg und dann kommt so verloren, wie der hinkende Bote, hinterdrein ihre Gnadenwahl, die gar keine ist. Nein, wir nehmen es zusammen, Sie zerreißen es. Wenigstens ich kann nicht den geringsten Beweis sehen, daß nach unserer Lehre der allgemeine Heilswille und die Wahl aus einander gerissen würden. Wenn Sie sagen: „Die praevisio ist offenbar nach der Concordienformel mit hereinzunehmen"; so sage ich: Jawohl, was die Verworfenen betrifft. Wenn Sie aber dann sagen: „Die Regel oder die Norm der Erwählung habe Gott aus der Heilsordnung genommen", woher wissen Sie das? Soll das soviel heißen — und ohne Zweifel ist das Ihre Meinung —: Der liebe Gott sieht, ob wir uns in seine Ordnung schicken; wenn wir uns nun hineinschicken bis zur Heiligung, dann hat Er gesagt: diese guten Leute will ich nun auch erwählen? Nein; die Norm — sagt die Concordienformel klar und deutlich — ist Gottes Barmherzigkeit und das allerheiligste Verdienst Christi. Von diesem klaren Bekenntnißsatz lassen wir uns nicht abbringen. Wir haben jetzt das 300jährige Jubiläum der Concordienformel gefeiert; wir wollen es vor allen Dingen dadurch feiern, daß wir dabei bleiben und uns nichts hineinglossiren lassen, Sie mögen es noch so schön, vernünftig und tröstlich darstellen. Zeigen Sie es uns in unserem Bekenntniß, daß man den Glauben auch hereinnehmen müsse!

Pastor Meier: Es würde ja auch nichts nützen, wenn wir wüßten, welches die geheime Regel ist. Wir sind ja nicht die Erwählenden, sondern die Erwählten. Aber das nützt uns viel, daß wir die Regel wissen, nach welcher wir sollen selig werden; die ist uns geoffenbart.

Dr. Walther wies hierauf hin auf Luthers Vorrede zum Römerbrief, welcher sagt, dem Angefochtenen sei der Satz tröstlich, daß Gott nach seiner Barmherzigkeit eine gewisse Anzahl zur Seligkeit auserwählte, und fährt dann fort: Welche Regel Gott dabei befolgt hat, wissen wir nicht. Aber das wissen wir ganz gewiß, warum Gott gewisse Menschen nicht erwählet hat. Diese können am jüngsten Tag nicht sagen: „Wie kann ich beschuldigt werden, daß ich verdammt bin, Gott hat mich ja nicht erwählt!" Nein, Gott wird jedem sagen: „Ich hätte es dir wohl vergönnt — so redet auch unsere Concordienformel. — **Ich bin auch nicht an dir vorübergegangen**, sondern ich habe dich oft bewegt, oft gerufen; ja du bist vielleicht eine Zeit lang schon gläubig gewesen, hast dich aber wieder vom Teufel, der Welt und deinem Fleisch: vom Glauben abbringen lassen. Die Schuld ist dein, daß du zur Hölle fährst." — Die Gläubigen aber werden nicht sagen: „Ja, hättet ihr" (Verdammten) „nur auch geglaubt wie wir, wir haben eben nicht widerstrebt, wir haben uns schön lassen belehren und ihr seid Ungläubige gewesen und geblieben." Nein, solche Worte werden sich nicht finden im Munde der Auserwählten in der Ewigkeit. Vielmehr werden in alle Ewigkeit die Auserwählten Gott nicht genug loben können, daß er sie elende Sündenwürmer, die in die Hölle gehört hätten, dennoch aus dem Schlamm herausgeholt hat. Sie werden es dem lieben Gott überlassen, sich zu rechtfertigen, daß die Andern alle in die Hölle hinuntergestürzt werden.

Pastor Stöckhardt: Ich will in Bezug auf die 8 Punkte ruhig zugeben, daß in dem „so" und „aber" und „wenn" eine gewisse Schwierigkeit liegt für unseren natürlichen Verstand. Ich begreife, wie Einem da Bedenken und Zweifel entstehen können. Herr Pastor Allwardt meint, weil diese Partikeln dastehen, so beweise dies, die 8 Punkte könnten nicht von dem Weg handeln, den gerade die Auserwählten gehen sollten, weil sie ja unfehlbar selig werden müßten. Nun gibt's eine Stelle in der Concordienformel, wo unwiderleglich eine Aussage, die von den Erwählten gethan ist, in einem Satze steht, in dem solche „wenn" und „aber" vorkommen. In § 40 handelt der Vordersatz von den Erwählten — ich glaube, das kann man nicht anders deuten. [Der Paragraph wird nochmals verlesen.] — Dann noch eine kurze sprachliche Bemerkung über das praescire. Ich glaube, das geht bis zur Evidenz zu beweisen, daß clementer praescire sprachlich unmöglich ist, wenn es nur voraussehen heißen soll. Ich kann mir durchaus nichts dabei denken: „mit Gütigkeit voraussehen." Aber es findet sich noch öfter bei den alten Dogmatikern dieser Wechsel von praescire und praedestinare. Nur eine Stelle. [Wird verlesen aus „Lehre und Wehre". 1880. S. 131; ein Dictum Osianders.] Da ist unwiderleglich praescire für praedestinare gebraucht. Die Alten haben oft recht wortwörtlich übersetzt; so hier das προέγνω mit praescire. — Das Eine möchte ich noch hinzufügen für Herrn Prof. Stellhorn: Es gibt wohl eine praevisio des Glaubens und der Seligkeit; aber darauf kommts hier nicht an, daß eine solche zugegeben werde, so daß die Voraussehung in gewisse Beziehung zur Wahl gesetzt wird. Wir sagen nur: Die Präscienz geht nicht der Prädestination voraus, sondern fällt mit derselben in einen Act zusammen.

Pastor Brand: Herr Prof. Stellhorn führte eine Stelle an aus dem Synodalbericht: „Du magst Gottes Wort noch so fleißig hören" u. s. w. . . . Wir sagen das nicht. Es steht im Synodalbericht: Die Angefochtenen denken so. Hernach wird aber gezeigt, wie Luther dann einen solchen hinweis't auf die Generalmedicin des Wortes.

Präses Beyer: Das ist eins von den Citaten in einem gewissen Blatte, die uns dann zugeschrieben werden.

Pastor Allwardt: Die eben verlesene Stelle steht so da, daß sie gebilligt wird.

Der Präses: Sollen wir uns jetzt darauf einlassen?

Die Versammlung: Nein.

Pastor Allwardt: Herr Past. Stöckhardt sagt, daß die Worte „vorhersehen" und „wählen" promiscue gebraucht werden. Und das ist wahr. Das sieht man noch an mehreren als den angeführten Stellen. Aber weil bei der Erwählung auch die Vorhersehung in Betracht kommt, so wird, wie das sonst öfter der Fall ist, von diesen Worten zuweilen dies, zuweilen jenes gebraucht. Daraus folgt aber nicht, daß jedes Wort seine eigentliche Bedeutung solange verliere. Wenn nun dasteht „versehen" für „erwählen", so folgt nicht, daß „versehen" = „erwählen" ist, sondern, daß Beides zusammengehört. §§ 24 und 27 steht „versehen" und „erwählen", das erstere vor dem letzteren. Daraus folgt unwidersprechlich, daß „versehen" und „erwählen" etwas Verschiedenes, und daß die Erwählung nicht vor die Vorhersehung gesetzt wird. Bei Chemnitz findet sich gerade diese Reihenfolge öfter: versehen, erwählt, verordnet.

Dr. Walther: Ich wollte auf die wichtige Stelle aufmerksam machen, wo der HErr sagt zu den Gottlosen: „Ich habe euch noch nie erkannt." Was heißt das? Will der Heiland etwa sagen: Ich weiß gar nicht, daß ihr gelebt habt, habe noch nie etwas von euch erfahren; darum geht von Mir? Nein. Jeder wird sagen, Christus will sagen: Ich habe euch noch nie erkannt für die Meinen. So sagt auch Balth. Meisner, „erkannt" sei gleich „anerkennen". Was nun betrifft, daß „Versehung" und „Erwählung" neben einander steht, so beweis't das nur, daß das nicht sind Homonyma, sondern Synonyma. Das heißt, es sind 2 Worte, die eine gemeinschaftliche Bedeutung haben, aber jede hat ihre Nebenbedeutung. Daher redet die Concordienformel selbst von der Erwählung der Prädestinirten. Also sie sagt eines vom andern aus, das Erwähltwerden von den Prädestinirten, obgleich Beides dieselbe Handlung Gottes ausdrückt; aber es wird bei dem einen Ausdruck ein besonderes, ein anderes Moment hervorgehoben, als bei dem andern Terminus.

Prof. Pieper: Ich will noch mit kurzen Worten zurückweisen auf den Punkt, daß diese Conditionalsätze durchaus nicht der Annahme widersprechen, daß ein Abschnitt, in dem solche vorkommen, sich auf die Erwählten beziehen können. Ich will dafür ein Beispiel anführen. Der Apostel Paulus sagt: „Ich bin gewiß, daß weder Tod, noch Leben" 2c. Der Apostel sagt also — das wird wohl von Allen zugestanden —, daß er seiner Erwählung ganz gewiß sei; und doch sagt derselbe Apostel an einer andern Stelle: „Damit ich nicht Andern predige und selbst verwerflich werde." Das scheint sich nun zu widersprechen. Ich gebe zu: Es ist schwer für unsern Verstand, diesen scheinbaren Widerspruch zu vermitteln, wie Beides zugleich im Herzen eines Christen sein kann. Die Lehre von der Gnadenwahl ist ein überaus zartes Ding. Da kommt man nicht durch mit bloßen dogmatischen Formeln. Derselbe Mensch, der seiner Wahl und Seligkeit gewiß ist, sagt in einer anderen Beziehung, sofern er noch Fleisch an sich hat: Ich muß kämpfen, daß ich nicht verworfen werde. Ebenso wie auch das bei einander im Herzen Eines Menschen ist, daß er seiner Seligkeit ganz gewiß ist und dieselbe doch dabei mit Furcht und Zittern schafft. Und ich meine, hier schlägt durch die Beobachtung eines Unterschiedes, nämlich des Unterschiedes von Gesetz und Evangelium. Wer hier in diesem Fall nicht Gesetz und Evangelium unterscheidet, wird alle möglichen Schriftaussagen verderben, sowohl die von der Gewißheit, als die von der Mahnung zum Kämpfen handelnden. Wer hier nicht zwischen Gesetz und Evangelium unterscheidet, rührt einen allgemeinen Brei zusammen aus den Ermahnungen zur Gewißheit und zur Furcht; da ist halb Furcht, halb Gewißheit, d. h. eben, gar keine Gewißheit. Die Bibelstellen, welche verlangen, daß ein Mensch seiner Seligkeit ganz gewiß sein solle, müssen in ihrem ganzen Umfange festgehalten werden; und wer solcher Aufforderung nicht nachkommen will, soll wissen, daß er eine Sünde damit begeht, für die er Vergebung haben muß. Auf der andern Seite bleibt es vollkommen wahr, daß derselbe Mensch seine Seligkeit mit Furcht und Zittern schaffen muß, sofern er noch Fleisch, den alten Adam an sich hat, welcher ja wahrlich nicht mit dem Evangelio soll getröstet werden. Wohl aber der neue Mensch. Für ihn ist die Lehre von der Gnadenwahl das süßeste Evangelium. So bleiben beiderlei Schriftaussagen vollkommen bestehen. Man lebe sich in beide Lehren recht ein, so wird man sehen, daß beide harmoniren.

Pastor Rohe: Ich kann die jetzige Lehre unserer Opponenten nicht reimen mit der früheren Lehre unserer eigenen Synode. Ich will blos ein paar Citate vorlesen. [Verlies't „Lehre und Wehre" I. Sihlers Thesen. II, 324. 354. Aufsatz von Fürbringer.]

Dr. Walther: Man sieht daraus, daß wir in damaliger Zeit den 2ten Lehrtropus noch unter uns geduldet haben.

Prof. Crämer: Aber jetzt nicht mehr.

Pastor Mees erbittet sich 2 Minuten, ein Citat zu verlesen. Nämlich „Lehre und Wehre" II, 321; und fügt bei: Ich glaube also, daß aus diesem Aufsatze von den Opponenten soviel Kapital nicht geschlagen werden kann.

Pastor Allwardt: Es ist unbillig, daß Sie das Citat nicht vollständig geben. Lesen Sie nur weiter!

Pastor Mees: Es waren mir nur 2 Minuten gegeben.

Dr. Walther: Damit, daß ich gesagt habe: „Wir haben das damals geduldet", will ich nicht sagen: „Jetzt aber nicht mehr"; sonbern: Das war nicht eigentlich Stimme unserer Synode, sondern die Privatstimme des Hrn. Dr. Sihler und Past. Fürbringer. Die meine war es nicht, der ich der Redacteur bin, von der Synode als solcher angestellt, und außerdem noch Lehrer der Dogmatik. Wer das sagt, der lügt. — Vertagung mit dem Gebet des HErrn. — W. Krauß, Secr.

Zehnte Sitzung.
Dienstag Vormittag, den 5. October.

Auch diese Sitzung begann mit dem üblichen Gottesdienst, worauf das Protokoll der 8ten Sitzung verlesen und mit einigen Verbesserungen angenommen wurde. Indem man sodann in der Besprechung fortfuhr, ergriff zunächst das Wort

Prof. Schaller: Ich möchte fragen, ob mir erlaubt wird, etwas zu sagen, was nicht unmittelbar die im Protokoll enthaltenen Argumente betrifft, was aber die Sache betrifft und für dessen Aussprache vielleicht später keine Gelegenheit mehr geboten wird?

Nach erhaltener Zustimmung fuhr Redner fort: Es ist mit unwidersprechlichen Argumenten nachgewiesen worden, daß unsere lieben Brüder mit ihren Behauptungen nicht auf dem Grund der Concordienformel stehen. Zu den bereits vorgebrachten Gründen möchte ich noch einen hinzufügen, welcher nicht aus der Sache selbst genommen ist, sondern aus dem Aeußerlichen, aus der Darstellung der Concordienformel, aus der äußern Form, von der ich glaube, daß unsere lieben Brüder sie gar nicht recht auffassen und daß das Dunkle und scheinbar Verwirrte in ihren Aussagen seinen Grund darin hat, daß sie gar nicht der natürlichen Anordnung der Concordienformel folgen, sondern sich selbst eine künstliche Ordnung machen. — Wenn ich Hrn. Prof. Stellhorn recht verstanden habe, so ist seine Behauptung diese: Der 11. Artikel der Concordienformel handelt nur von der Gnadenwahl in einem weitern Sinn; so daß dieselbe einmal die Bestimmung oder Festsetzung des allgemeinen Heilswegs, die ordinatio mediorum, und zum andern die Bestimmung oder particuläre Auswahl derjenigen, welche unfehlbar selig werden, in sich schließt. §§ 13—22 handeln demnach von der Wahl nach ihrem ersten Theil, §§ 23. 24 handeln von der Wahl nach ihrem 2ten Theil. Der erste Theil oder die ordinatio mediorum sei der Haupttheil, der 2te Theil nur gleichsam ein Anhang, von dem man am besten nicht rede, weil er ein Geheimniß enthalte, das uns doch unerforschlich bleibe. Es verhalte sich eben damit, nämlich mit der Lehre der Concordienformel von der Gnadenwahl, wie mit andern Dingen und andern Begriffen, die man theils in einem weitern, theils in einem engern Sinn nehmen könne, wie die Lehre von der Heiligung. Es verhalte sich also mit der Lehre von der Gnadenwahl in der Concordienformel, oder überhaupt mit der Lehre von der Gnadenwahl, wie mit der Lehre von der

Heiligung. — Nun wollen wir einmal diese von Hrn. Prof. Stellhorn selbst angegebene Analogie etwas besehen. Nehmen wir den Fall an, es läge uns ein Buch aus alter Zeit vor; das handelt: Von der Heiligung. Der Verfasser beginnt dieses Buch mit den Worten: Es ist zwar kein Streit unter uns selbst über die Heiligung; aber um der Nachkommen willen wollen wir doch auch von dieser Lehre einen genauen Unterricht geben. Er sagt: Heiligung und Rechtfertigung ist wohl zu unterscheiden. Die Heiligung und die Rechtfertigung darf man nicht mit einander verwechseln; denn die Rechtfertigung geht lediglich über die Bußfertigen, die Heiligung geht allein über die Gerechtfertigten. Und diese Heiligung ist die Erneuerung des Lebens, der neue Gehorsam, die Lebensbesserung. Will man von der Heiligung recht reden, so muß man auch dazu nehmen, was der Heiligung vorausgeht, den Weg, den der Mensch gehen muß, um zur Heiligung zu gelangen; und der Weg ist der: „Ich glaube, daß ich nicht aus eigener Vernunft noch Kraft an JEsum Christum, meinen HErrn, glauben oder zu ihm kommen kann; sondern der Heilige Geist hat mich durch das Evangelium berufen, mit seinen Gaben erleuchtet." Das muß man nothwendig dazu nehmen, wenn man verstehen will: „im rechten Glauben geheiliget". Was würden nun unsere lieben Brüder dazu sagen, wenn Einer käme und nähme das Buch und sagte: Das ganze Buch handelt von der Heiligung im weitern Sinn? Es steht wohl gleich an der Spitze: Die Heiligung geht nur über die Gerechtfertigten; aber das ist nur ein bloßer Vergleich; denn es soll nur verglichen werden die Rechtfertigung und die Heiligung. Also das hat damit nichts zu thun, wovon das Buch eigentlich handelt. Das ist ein bloßer Vergleich. Die eigentliche Definition wird gegeben in dem ganzen Complex: „Ich glaube, daß ich nicht aus eigener Vernunft . . . im rechten Glauben geheiliget." Das ist die Definition. Das muß man zusammennehmen. Die Heiligung bestehe also aus zwei Theilen. Der erste Theil sei: „Ich glaube, daß ich nicht aus eigener Vernunft . . . . erleuchtet." Das sei der Haupttheil. Das andere sei gewissermaßen nur ein Anhängsel, wenn es weiter heiße: „im rechten Glauben geheiliget". Von Letzterem könne man nicht viel sagen, das sei ein dunkler Punkt, davon schweige man am liebsten. Also handle das ganze Buch nur von dem ersten Haupttheil, von der Heiligung im weitern Sinn. Was würden unsere lieben Brüder dazu sagen, wenn ein Mensch ein solches Buch von der Heiligung so interpretiren würde? Sie würden sagen: Das ist alles verkehrt, durch einander geworfen, auf den Kopf gestellt! Dieses Buch handelt von der Heiligung im engern Sinn; denn an der Spitze steht ja der Satz: Die Heiligung geht allein über die Gerechtfertigten! — Ich will zu dieser Analogie noch eine andere hinzufügen. Die Alten sagen bekanntlich mit Recht: Exempla trahunt. Wir wollen uns vorstellen: Ein großer Herr hätte ein Schloß, welches den Zweck hat, alle Krüppel und Lahme und Elende im Lande aufzunehmen, und die kämen auch hinein, aber nicht alle.

Was die Ursache davon ist, daß nicht alle hineinkommen, soll jetzt nicht berührt werden. Das Schloß steht also da; es hat diesen angegebenen Zweck und nun wird eine Beschreibung gegeben. Es wird ein Buch geschrieben über dieses herrliche Schloß, in das alle Arme, Krüppel, Lahme, Elende aufgenommen werden sollen. Da sagt der Beschreiber: Wenn ich das Schloß richtig beschreiben soll, muß ich auch sagen, wo es liegt, muß den Grund und Boden angeben, worauf es steht, muß auch von dem Garten reden, der es einschließt, von dem Weg, auf welchem man zu dem Schloß kommen kann. Was würden Sie dazu sagen, wenn Einer käme und behauptete: Das Buch handelt von dem Schloß im weitern Sinn, denn es wird auch der Weg, der Garten, der Grund und Boden beschrieben; es ist offenbar das Schloß im weitern Sinn gemeint, und es gehören also zu diesem Schloß zwei Theile: der eine Theil ist der Garten, der Weg ɔc. Das ist der Haupttheil, das Schloß des Weges ɔc.; und das andere ist das Schloß im engern Sinn? Was würden unsere lieben Brüder zu einer solchen Erklärung sagen? Und doch machen sie es ganz buchstäblich ebenso mit der Concordienformel. Ich kann mir das nicht anders denken, als daß die lieben Brüder ein Gespenst gesehen haben, das hat sich genannt: „missourische Lehre" und hat gesagt: „Ich bin die missourische Lehre von dem unbedingten Rathschluß, von einer unbedingten Gnadenwahl, entsetzt euch vor mir"; und da haben sie sich auch entsetzt, und dieses Gespenst hat ihre Augen so geblendet, daß sie uns und die Concordienformel nicht mehr verstehen.

Pastor Allwardt: Man sieht eben hieraus wieder, daß oft Gleichnisse zwar eine Sache scheinbar genau darstellen, daß sie aber doch häufig eine Täuschung enthalten. So ist es auch hier mit diesen Gleichnissen.

Prof. Schaller bemerkte auf diese Abweisung (die Past. Allwardt näher zu motiviren begann: Es sei nicht seine Absicht gewesen, eine Debatte über diese Vergleiche hervorzurufen): Wem durch diese Gleichnisse, die ja keine Beweise, sondern nur Erläuterungen sein sollen, die Sache selbst nicht klar geworden ist, mit dem will ich nicht streiten.

Es fuhr hierauf Dr. Walther fort, auf Prof. Stellhorn's Aufstellungen zu antworten: Wir sind jetzt bei den Worten Prof. Stellhorn's angekommen, daß die praevisio der Erlärungsgrund sei für die ewige Erwählung. Da verweis't er auf §§ 34—43 und macht darauf aufmerksam, daß es sich in diesen Paragraphen darum handle, zu erklären, wie es komme, daß, während Viele berufen sind, doch nur Wenige auserwählt sind. Et secundum has rationes intelligendum est etc. Dies erklärt er folgendermaßen: Manche lassen sich nicht zum Glauben bringen, und das liegt eben an ihrem muthwilligen Widerstreben. Wenn die Concordienformel auch nicht den Ausdruck „intuitu fidei" hat, so hat sie doch die Sache. — Es ist schon darauf aufmerksam gemacht worden, daß das nicht der richtige Weg ist, zu erforschen, warum ein Mensch erwählt ist: daß man erst erfarscht,

warum die Andern nicht erwählt sind. In der Lehre von der Bekehrung
wird das von unsern Theologen ohne alle Ausnahme für einen sehr großen
Irrthum erklärt, wenn man sagt: Der Grund des Unterschiedes, daß
Einige belehrt werden und die Andern nicht bekehrt werden, liege im Men=
schen. Das wird entschieden verworfen als ein schwerer synergistischer
Irrthum. Alle Theologen, die frühern wie die spätern, sagen: Der Grund,
daß Einer nicht bekehrt wird, liegt im Menschen, daß er aber bekehrt wird,
liegt allein in Gott. Und Melanchthon wird deswegen sehr ernstlich
angegriffen, daß er sagt: Daß Einer glaubt und ein Anderer nicht glaubt,
das müsse doch im Menschen liegen. Daraus ist der synergistische Streit
im 16ten Jahrhundert entstanden, der im 17ten Jahrhundert von den Helm=
städtern fortgeführt wurde. Ich muß sagen, was Prof. Stellhorn sagt,
das macht mich voll Besorgniß, daß der eigentliche Streitpunkt zwischen
uns in der Lehre von der Bekehrung liegt. Wenn wir einig sind in der
Lehre von der Bekehrung, dann wird unser Streit über die Lehre von der
Gnadenwahl bald zu Ende sein. Denn unsere lieben Brüder auf der an=
dern Seite können das schlechterdings nicht verstehen, daß der liebe Gott
sollte eine Anzahl Menschen erwählt und gar nichts in ihnen gesehen haben.
Das erscheint ihnen undenkbar. Denn alsbald werden sie erinnert an die
schändliche absolute Lehre Calvin's. Aber, wenn das Calvin lehrt, dann
ist die lutherische Gnadenwahlslehre Calvinisch, dann sind alle Lehrer der
lutherischen Kirche Calvinisten gewesen. Wir müssen diese Kluft lassen.
Wir können es freilich nicht begreifen, kein Mensch kann es sagen, keine
Creatur kann es sagen, wenn es Gott nicht unmittelbar, außerordentlicher
Weise offenbart. Und darum finde ich es so bedenklich, daß Prof. Stell=
horn sagt: Im Glauben liegt der Erklärungsgrund. Nein, das ist kein
Erklärungsgrund, wenn Sie auch sagen: Ja, es kommt daher, daß Gott
zuvor gesehen hat: Die und die werden glauben. Das wäre nur dann er=
klärt, wenn der Mensch sich den Glauben selbst geben könnte. Weil aber
der Mensch den Glauben sich nicht selbst geben kann, sondern Gott hat in
Ewigkeit beschlossen, ihm den Glauben zu geben, so kann er kein Erklärungs=
grund sein. Sie wissen so gut wie ich, daß Chemnitz, Andreä, Kirchner in
der Apologie der Concordienformel dabei ausrufen: „O welch eine Tiefe"
u. s. w. „Wer hat des HErrn Sinn erkannt" u. s. w. Sie wollen das
Geheimniß darein setzen, daß Gott das alles vorausgewußt, während wir
es nicht wissen. Das ist freilich auch ein Geheimniß, gewiß ein unbegreif=
liches Geheimniß. Denn unsere Vernunft sagt: Wenn Gott unsere Hand=
lungen voraussieht, so müssen wir genöthigt sein, das zu thun, was er vor=
ausgesehen; wenn Gott es weiß, muß es geschehen. Das ist allerdings ein
Geheimniß. Aber es ist nicht das Geheimniß der Gnadenwahl. Das Ge=
heimniß der Gnadenwahl ist vielmehr dieses, wie die Genannten immer
sagen: Wenn man dahin kommt, warum der liebe Gott nicht in allen Men=
schen gleich wirkt (die Apologie der Concordienformel braucht diesen

Ausdruck zweimal), b. i., in gleicher Weise wirkt, wenn man zu der Frage kommt, warum der liebe Gott z. B. wohl dem Petrus Buße und Glauben gegeben habe, nicht aber dem Judas, warum so Wenige zum Glauben kommen und Millionen nicht, während Gott im Stande wäre, Allen den Glauben zu geben: da muß man sagen: „O welch eine Tiefe" u. s. w. Aber unsere lieben Brüder wollen das nicht zugeben; denn Prof. Stellhorn sagt ausdrücklich: Der Glaube ist der Erklärungsgrund. Ist es so, dann muß der Glaube ein Werk des Menschen sein. Nimmt man nun so das „intuitu fidei", so kann es, wenn es seinem Wortverstande nach gedeutet wird, nicht anders verstanden werden, als: Im Glauben liegt eine Ursächlichkeit der Wahl, wie z. B. im Ebräerbrief steht, daß Moses die Schmach Christi für größeren Reichthum achtete denn die Schätze Egyptens; denn er sahe an die Belohnung. Da will auch gesagt sein, die Belohnung war mit eine treibende, bewegende Ursache für ihn, Alles zu verleugnen. Dasselbe ist es, wenn man hier sagt: intuitu fidei, da ist der Glaube eine Ursächlichkeit, was aber die lieben Brüder selbst nicht wollen. Warum also wollen wir diesen Ausdruck nicht lieber fahren lassen? Wir sind doch nicht gebunden an die Terminologie des 17ten Jahrhunderts! Nein, wir brauchen ja nur in die symbolischen Bücher hineinzugehen und können da die phrases und den modus loquendi herausholen. Chemnitz war klar genug und er kannte die Dogmengeschichte gut genug, wenn er es für räthlich gehalten hätte, das „intuitu fidei" auch hineinzusetzen und zu sagen: Wir sind erwählt in Ansehung des Glaubens. Aber selbst im „Enchiridion" sagt er: Der Glaube folgt nach, geht nicht vorher, er hat also jenen Ausdruck in der Concordienformel mit Absicht weggelassen, weil er ihn verwirft. Und nun bedenke man, wie es § 88 heißt: „Darum es falsch und unrecht, wann gelehret wird, daß nicht allein die Barmherzigkeit Gottes und allerheiligst Verdienst Christi, sondern auch in uns eine Ursache der Wahl Gottes sei, um welcher willen Gott uns zum ewigen Leben erwählet habe. Dann nicht allein, ehe wir etwas Gutes gethan, sondern auch, ehe wir geboren werden, hat er uns in Christo erwählet, ja, ehe der Welt Grund geleget war, und auf daß der Fürsatz Gottes bestünde nach der Wahl, ward zu ihme gesagt... der Größte soll dienstbar werden dem Kleinern." Dieses „in uns" merke man wohl. Da wird kein Unterschied gemacht. Die lieben Brüder haben gesagt: Es sei ein Unterschied zwischen dem, was der Mensch von Natur habe oder aus eigenen, natürlichen Kräften wirken kann, und dem, was Gott durch seinen Heiligen Geist im Menschen wirkt, und da werde das Erstere hier abgewiesen, nicht aber das, was der Mensch durch die Gnade bekomme. Das ist aber eine Glosse. Es steht da, daß außer der Barmherzigkeit Gottes und Christi Verdienst absolut nichts ihn bewogen habe, uns zum ewigen Leben zu erwählen. Daher sagen die Dogmatiker des 17ten Jahrhunderts ausdrücklich: Nicht nur, was der Mensch vermöge des liberum arbitrium thun könne, sei hier wegzudenken, sondern auch, was durch die Gnade gewirkt werde. Sie sind nicht so weit gegangen, wie unsere lieben Opponenten. Ich bitte Sie! hätte ein Gerhard, ein Quenstedt und Andere die Definition von der Gnadenwahl bekommen, welche uns vorgelegt worden ist, sie hätten die Hände über den Kopf zusammengeschlagen. — Die Concordienformel sagt weiter: „Dann", d. h., denn „nicht allein, ehe wir etwas Gutes gethan" u. s. w. Man bedenke, in welcher Art und Weise hier die Concordienformel schließt. Sie sagt nicht nur: „nicht allein, ehe wir etwas Gutes gethan"; denn das würde natürlich nichts beweisen; nein, sie sagt weiter: „sondern auch, ehe wir geboren werden" u. s. w., und damit bezeugt unser Bekenntniß: Nichts, was in der Zeit im Menschen ist, es sei Gutes von Natur, was gar nicht vorhanden ist, oder es sei Gutes durch die Gnade, darf neben die Barmherzigkeit Gottes und das Verdienst Christi gestellt werden. Sonst wäre das ein ganz unsinniger Beweis. Wenn sie sagt: Sogar ehe wir geboren worden sind, sind wir in Christo erwählt; darum kann nur die Barmherzigkeit Gottes und das ewige Verdienst Christi — das letztere war vor Gott schon von Ewigkeit da, weshalb es heißt: Das Lamm sei von Ewigkeit erwürget — als Ursache der Wahl genannt werden; so sagt sie damit: Alles, was später geschehen ist von den Menschen, sei es Natürliches oder Uebernatürliches, das gehört nicht hieher. — Ach, lieben Brüder, überlegen Sie das recht. Ich will Sie nicht schulmeistern; aber als Bruder will ich Sie darauf aufmerksam machen: sehen Sie sich doch die Stelle recht an, und ich bin überzeugt, wenn Sie das thun, so wird diese Stelle nach und nach Sie in Ihrem Gewissen überzeugen. — Es heißt weiter in Prof. Stellhorn's Rede: „S. 557, § 20 wurde angeführt und dabei gesagt, daß bei meiner Definition der Gnadenwahl diese Worte nicht zu ihrem Rechte kämen. Aber wenn es da heißt, in uns sei keine Ursache, so ist damit nur gemeint etwas, was wir von Natur schon haben oder uns wenigstens geben können, nicht etwas, was der liebe Gott uns gibt und was dann in uns ist, nämlich der Glaube oder der im Glauben ergriffene Christus." — Ich freue mich von Herzen, daß das bezeugt wird, indem sich die lieben Brüder damit lossagen von einer synergistischen Verwendung des „intuitu fidei". Aber, daß es confessionell, bekenntnißgemäß sei, das ist nicht bewiesen. Im Gegentheil, es streitet gegen das Bekenntniß, und zum Andern ist es dazu angethan, daß es den Synergisten zu Gute kommt. Denn wenn Sie sagen: Hier steht wohl von der Barmherzigkeit Gottes und von dem Verdienst Christi; aber der Glaube kann nicht ausgeschlossen sein, denn den wirkt ja Gott — so geht daraus klar hervor, daß Sie auch den Glauben als dritte Ursache gelten lassen wollen; sonst müßten Sie sagen: Davon ist bei uns gar nicht die Rede, daß der Glaube jenen zwei Ursachen zu coordiniren wäre. Wenn man vom Glauben redet, so ist das ein ganz anderer Punkt, da handelt sichs um den Weg. Aber wenn die Brüder es blos zum Weg rechnen, so gewinnen sie nichts. Denn das glauben wir von Herzen, das ist uns eine

Hauptſache, daß Gott den Menſchen auch dazu erwählt, daß er auf dieſem Weg zum Himmel komme, daß Gott ihn auf dieſen Weg bringe, ihn darauf erhalte und ihn endlich an das Ziel der Verherrlichung bringe. Und das iſt es eben, was unſre lieben Brüder für ſo bedenklich anſehen, daß wir nicht blos ſagen, daß der liebe Gott nicht nur zur Seligkeit erwählt habe, ſondern daß wir uns dazu bekennen: Gott hat auch zum Glauben erwählt, zur Rechtfertigung, zur Heiligung, zur Geduld im Kreuz und endlich zum Beharren bis ans Ende. — Prof. Stellhorn ſagt weiter: „Der Beweis ſteckt namentlich in §§ 40—42. Da wird in § 41 angeführt Matth. 22. Da ſtimme ich nun zwar mit Herrn Paſtor Stöckhardt in dem, was er ſagt, aber nicht in dem, was er verſchweigt. Ich will ihm natürlich nichts imputiren. Dieſe Stelle hat zwar auch den Sinn: So zeigt es ſich, daß Viele berufen, aber Wenige auserwählt ſind; aus dem Zuſammenhang aber erhellt, daß der eigentliche und nächſte Sinn iſt: So kommt es, daß" u. ſ. w. Da haben wir denſelben Fehler, daß dasjenige, was von den Nichterwählten geſagt wird, angewendet wird auf die Erwählten: weils daher kommt, daß Viele verloren gehen, daß ſie ungläubig ſind, ſo muß es daher kommen, daß Wenige erwählt ſind, daß ſie glauben. Was iſt das anders, als das „weil", das „wegen", die „Urſache"? Man nehme es nicht ungütig, daß ich immer wiederhole. Sie können aber daraus ſehen, daß Sie, trotzdem Sie den Synergismus von ganzem Herzen haſſen, doch ſolche Ausdrücke haben, in denen der Synergismus eingeſchloſſen iſt, ſo daß Jeder, der nicht in Ihrem Zauberkreis liegt, es einſieht. So geht es auch redlichen Leuten, die einen Irrthum annehmen: wenn ſie denſelben vertheidigen wollen, ſo müſſen ſie etwas zu Hilfe nehmen, was nicht richtig iſt. Die Wahrheit iſt eben nur Eine, es folgt darum nur Wahrheit aus Wahrheit und Unwahrheit aus Unwahrheit. Ich ſtimme alſo mit Hrn. Paſt. Stöckhardt in „Lehre und Wehre", wo er Rückſicht nimmt auf das Gleichniß vom großen Abendmahl, welches mit den Worten ſchließt: „Denn Viele ſind berufen, aber Wenige ſind auserwählt." Damit ſoll geſagt werden: Seht, ſo zeigt ſichs, wer die Auserwählten ſind, und wer die Nichterwählten ſind. Die Auserwählten kommen zum Abendmahl, genießen es auch; jene verachten es. Nun aber ſagt Prof. Stellhorn: Das iſt nicht genug. Es ſei nämlich verſchwiegen: „daher kommt es alſo"; wären jene nicht hingegangen, ſo wären ſie vom Abendmahl ausgeſchloſſen worden; aber ſie gingen hin, und daher kams, daß ſie auserwählt waren. Das gebe ich nicht zu. Wenn ich Troſt haben will, ſoll ich nicht den heimlichen Willen Gottes erforſchen wollen, ſondern den geoffenbarten Willen Gottes anſehen, das Evangelium, Chriſtum, und wenn ich das thue, wenn ich das Evangelium höre, an Chriſtum glaube, in der Buße ſtehe, bete u. ſ. w., dann ſoll ich nicht im mindeſten zweifeln, daß ich erwählt ſei. Ja, wenn ich jetzt nicht glaube, daß ich ein Auserwählter bin, dann halte ich Gott nicht für wahrhaftig. Denn Gott hat die Auserwählten in ſeinem Worte ſo beſchrieben. Es ſteht darin: Man ſoll wachen, beten und Gott werde solches Gebet gewißlich erhören; und wenn Jemand auch einmal aus dem Glauben falle, so habe er nicht aufgehört ein Auserwählter zu sein, wenn er es vorher war; sondern entweder ist er gar nicht erwählt gewesen oder er bleibt es doch, und Gott sorgt dafür, daß er wieder zum Glauben komme. Aber wehe dem, der sagt: Wenn es so ist, daß man zur Seligkeit von Ewigkeit erwählt ist, wohlan, so thue ich, was ich will; ich verachte Gottes Wort, lebe in Sünden u. s. w.; ein Solcher zieht Gottes Gnade auf Muthwillen, er ist ein verruchter, gottloser Mensch und wird an jenem Tage schon sehen, wohin ihn seine Gottlosigkeit gebracht hat. Daher verwerfen die Dogmatiker des 17. Jahrhunderts bis auf sehr wenige Ausnahmen (die Württemberger) die Lehre, daß Gott hätte alle Menschen erwählen wollen. Ich verwerfe sie nicht, aber diese Dogmatiker thuns. Olearius, in seiner Fortsetzung der Isagoge Carpzov's, schreibt auf die Frage: Ob der Württemberger Theolog Thummius Recht habe, wenn er lehre, daß Gott habe alle Menschen auserwählen wollen: Das sei nicht richtig, sondern es sei Huberianismus. — Die Dogmatiker sprechen von der voluntas consequens und antecedens. Das sind aber scholastische Ausdrücke, die uns keine Sicherheit geben, am allerwenigsten meine Lehre widerlegen können. Wir lassen uns durch diese scholastischen Ausdrücke nicht beirren; denn sie enthalten eine leicht verwirrende Unterscheidung des Willens Gottes. Gott hat nur Einen Willen und nicht zwei. Das geben die Dogmatiker auch zu, darum müssen sie aber künstliche Auseinandersetzungen anwenden, damit Gott nach ihrer Definition doch ein einfaches Wesen bleibe mit nur Einem Willen. — Prof. Stellhorn sagt weiter: „Es soll diese Definition der Concordienformel widerstreiten, insofern jene sagt: Die Wahl ist eine Ursache der Seligkeit. Ich acceptire, daß die Wahl eine Ursache unserer Seligkeit ist. Aber ich beziehe das auf den ersten Theil, auf jene 8 Punkte, obgleich ich für meine Person auch zugebe, daß die Wahl auch nach dem 2ten Theil in gewissem Sinn eine Ursache der Seligkeit ist, insofern nämlich in dieser Auswahl nach S. 708. § 23 die Verordnung schon inbegriffen ist, daß Gott die Auserwählten nun auch auf die Weise, wie jetzt gemeldet . . . stärken und erhalten wolle. Also die Gnadenwahl im weiteren Sinn ist eine Ursache der Seligkeit nach ihrem ersten und im gewissen Sinn auch nach ihrem zweiten Theil." — Ganz wohl. Aber dann muß die Erwählung auch eine Ursache dessen sein, was zur Erlangung der Seligkeit gehört. Also muß sie eine Ursache sein der Buße, Bekehrung, des Glaubens, der Wiedergeburt, Heiligung, Beharrung bis ans Ende. Ich habe mich sehr gefreut, daß Herr Prof. Stellhorn das zugibt, und habe mich oft gewundert, wie die lieben Brüder glauben entschlüpfen zu können den Worten des § 23. Diese Worte können nicht oft genug wiederholt werden: „Und hat Gott in solchem seinem Rath, Fürsatz und Verordnung nicht allein ingemein die Seligkeit bereitet, sondern hat auch alle und jede Personen der Auserwählten, so durch

Christum sollen selig werden, in Gnaden bedacht, zur Seligkeit erwählet, auch verordnet, daß er sie auf diese Weise, wie jetzt gemeldet, durch seine Gnade, Gaben und Wirkung darzu bringen, helfen, fördern, stärken und erhalten wolle." "Nicht allein ingemein die Seligkeit bereitet", heißt es hier. In dem Wort "nicht" liegt der Gegensatz und nicht in dem Wort "Seligkeit". "Auch verordnet", das ist also eine "Verordnung" Gottes; den Auserwählten ist es also nicht blos möglich gemacht, sondern Gott hat in seinem Rath beschlossen: Sie sollen selig werden und zwar auf diesem genannten Wege. — Weil wir sagen "auf diesem Wege", so ist in unserer Lehre keine Gefahr als die allgemeine, daß böse Leute die Gnade auf Muthwillen ziehen. Aber diese Gefahr können wir nicht umgehen. — Wenn Herr Prof. Stellhorn sagt: "Insofern kann ich wenigstens nicht einsehen, daß meine Definition diese Lehre der Concordienformel aufhebe. Es wird Ap. Gesch. 13, 48. angeführt; mehrere unserer Alten sagen, diese Stelle gehöre nicht hierher. Ich glaube, sie gehört hierher", so ist mir das erfreulich, daß er eine Brücke zeigt, wo wir zusammen kommen können. Es heißt in jener Stelle Ap. Gesch. 13, 48.: ὅσοι ἦσαν τεταγμένοι εἰς ζωὴν αἰώνιον. Das Plusquamperfectum zeigt, daß dieses "Verordnen" auf die Ewigkeit zu beziehen ist: "die zum ewigen Leben geordnet gewesen waren." Das ist's, was wir wollen: Gott hatte sie schon von Ewigkeit zur Seligkeit verordnet. Will man aber sagen, dieses "Veordnen" beziehe sich auf die Zeit — was wegen des Plusquamperfects nicht möglich ist — was hätte dann diese Stelle für einen Sinn? "Zum ewigen Leben verordnet sein", hieße bann nach dieser Annahme nichts anders als: in einer solchen Verfassung sein, daß man zum ewigen Leben eingehen kann, und diese Stelle sagte bann: Es wurden so Viele gläubig, als gläubig waren. Das gibt keinen Sinn. Nein, "in das ewige Leben hineingeordnet sein" kann nichts anderes bedeuten, als: in die Ordnung hinein, in welcher man sein muß, wenn man das ewige Leben erlangen will. Darum glaube ich, daß diese Stelle eine zwingende Stelle ist, welche deutlich zeigt, daß der Glaube auch mit zu den Objecten der electio gehört. Und lesen wir unbefangen die Stellen in unserem Bekenntniß, so kommt man auf keine andern Gedanken. § 8: "Die ewige Wahl Gottes aber siehet und weiß nicht allein zuvor der Auserwählten Seligkeit, sondern ist auch aus gnädigem Willen und Wohlgefallen Gottes in Christo JEsu eine Ursach, so da unsere Seligkeit, und was zu derselben gehöret, schaffet, wirket, hilft und befördert; darauf auch unsere Seligkeit also gegründet ist, daß die Pforten der Höllen nichts darwider vermögen sollen, wie geschrieben stehet: Meine Schafe wird mir niemand aus meiner Hand reißen. Und abermals: Und es wurden gläubig, so viel ihr zum ewigen Leben verordnet waren." Was wäre das für ein biblischer Beweis, wenn die Concordienformel nicht hätte sagen wollen: Die Wahl ist auch eine Ursache des Glaubens, wenn sie die Stelle anführt: „Und es wurden gläubig, so viel ihr zum ewigen Leben verordnet waren"? Nur deswegen kann das hier als Beweisspruch hinzugesetzt worden sein, weil die Concordienformel lehrt: Auch der Glaube fließt aus der Gnadenwahl. — Die folgenden Punkte brauche ich nach meiner Ueberzeugung gar nicht vorzulesen, darum, weil ich jeden Leser blos zu bitten brauche, er möge nachsehen, was ich gesagt habe. Das ist ja keine Entgegnung auf meine Gründe. Also les't nach und ihr seht, daß Herr Prof. Stellhorn mir nichts geantwortet hat, wodurch ich als widerlegt angesehen werden könnte. Aber das will ich nicht zum Nachtheil des Herrn Prof. Stellhorn gesagt wissen. Es ist ja wahr, ich hatte ziemlich lange gesprochen. Da konnte ihm unmöglich Alles gegenwärtig sein. Aber eben darum brauche ich es nicht zu wiederholen. Es wäre uns lästig, das immer wieder anzuhören. Nur auf Eins möchte ich nochmal hinweisen, nämlich auf § 46: „Item, daß er meine Seligkeit so wohl und gewiß habe verwahren wollen, weil sie durch Schwachheit und Bosheit unseres Fleisches aus unsern Händen leichtlich könnte verloren, oder durch List und Gewalt des Teufels und der Welt daraus gerissen und genommen werden, daß er dieselbige in seinem ewigen Vorsatz, welcher nicht feilen oder umgestoßen werden kann, verordnet, und in die allmächtige Hand unsers Heilandes JEsu Christi, daraus uns niemand reißen kann, zu bewahren geleget hat, Joh. 10., daher auch Paulus sagt Röm. 8.: Weil wir nach dem Fürsatz Gottes berufen sind, wer will uns denn scheiden von der Liebe Gottes in Christo?" Herr Prof. Stellhorn sagt: Er lehre auch, daß die Beständigkeit (im Glauben) ihre Ursache in der Gnadenwahl habe, „nur will er mich natürlich nicht zwingen zur Seligkeit, mein muthwilliges Widerstreben kann auf jeden Punkt ihm entgegentreten"; aber das trifft nicht den Punkt, von dem ich geredet habe. Ich habe nicht von der Möglichkeit im Glauben zu bleiben geredet; die ist in den Worten des Herrn Prof. Stellhorn ausgesprochen. Hier in §§ 45—47 ist nicht von der Möglichkeit die Rede, sondern von der Wirklichkeit, von der Gewißheit und Unerschütterlichkeit, von der Unmöglichkeit, daß derjenige, welcher auserwählt ist, den Glauben so verliere, daß er unmittelbar vor dem Tode keinen hätte. Das steht da. Darin besteht der Trost, den mir die Gnadenwahl gibt, daß ich nicht den Glauben finaliter verlieren darf, daß die Gnadenwahl mir sagt: Nicht nur hat Gott im Allgemeinen einen Rathschluß gefaßt, alle Menschen, welche selig werden sollen, auf einem bestimmten Gnadenwege zu diesem Ziel zu bringen, sondern es gibt auch eine Anzahl Menschen, die hat Gott verordnet nach seinem Fürsatz, die sollen und müssen im Glauben bleiben, oder wenn sie auch einmal daraus fallen, so sollen sie ihn nur eine Zeit lang verlieren und schließlich sollen sie selig werden. Darauf kommt es an. Geben Sie uns das nicht zu, so können Sie diese §§ 45—47 nicht mit uns bekennen. Denn hier ist von Solchen die Rede, die schon im Glauben stehen, und nun ist die Frage, ob sie auch im Glauben bleiben? Das Bekenntniß sagt: Ja! Gott hat es „in die allmächtige Hand unseres Heilandes JEsu Christi gelegt", da „bewahrt" er ihre Seligkeit, nichts auf Erden und in der Hölle kann den Auserwählten ihre Seligkeit nehmen, denn „weil wir nach dem Fürsatz Gottes berufen sind, wer will uns scheiden" u s. w. Was Gott sich vorgesetzt hat, kann nicht vereitelt werden — Ferner dürfte etwa das noch zu erwähnen sein, daß Herr Prof. Stellhorn zu § 45 sagt, daß der Trost darin liegt: „Daß Gott gerade einen solchen Heilsweg bestimmt hat, wie er es gethan hat, einen solchen, auf. dem er Alles allein thun will. Gerade einen solchen hat er ausfindig gemacht, nur will er mich natürlich nicht zwingen zur Seligkeit. . . . . . Natürlich seiner Allmacht könnte ich nicht widerstreben. Es heißt: ‚wie‘, ‚quomodo‘, nicht ‚daß‘ er es wolle." — Der Trost soll also darin liegen, daß Gott einen Heilsweg geschaffen hat, auf welchem Jeder selig werden kann. Das ist aber nicht die Gnadenwahl. Diese beruht auf einer πρόθεσις, auf einem Vorsatz, der nicht umgestoßen werden kann. — Herr Prof. Stellhorn sagt: „Der Trost ist nur ein bedingter. Der Trost kann nur von der Art sein, von welcher Art die Gewißheit ist. Daß der erste Theil der Gnadenwahl für mich da ist, weiß ich absolut gewiß, deswegen ist auch der Trost, auf den ich schließlich immer wieder zurückkommen muß, ein ganz fester, der in der Anfechtung Stand hält. Von einem andern als von einem solchen Trost, der in der Anfechtung bleibt, weiß die Concordienformel nichts. Und was thue ich damit?" Darauf sage ich: In der Anfechtung gerade brauche ich den Trost, außerhalb derselben nicht. Wenn keine Anfechtung da ist, denkt man: Das geht ganz leicht; das Fleisch ist leicht zu überwinden, das soll mich nicht betrügen; die Welt soll mich nicht überlisten; der Teufel soll nicht die Oberhand gewinnen. Aber in der Anfechtung fällt das alles dahin. Wenn ich dann weiß: Ich darf mich unter die Auserwählten zählen, dann kann ich ruhig und getrost sein. Dann sage ich: Mögen die Feinde meiner Seele noch so sehr wüthen und toben: ich fürchte mich nicht; denn meine Seligkeit liegt in Gottes Hand. Wäre sie in der meinigen, dann möchte ich verzweifeln, aber du, Gott, bewahre mich, ich kann nichts dazu thun. — Das gibt wahren Trost. — Man lese auch § 33: „Mit diesem geoffenbarten Willen Gottes sollen wir uns bekümmern, demselben folgen und uns desselben befleißigen, weil der Heilige Geist durch's Wort, dadurch er uns berufet, Gnade, Kraft und Vermögen darzu verleihet, und den Abgrund der verborgenen Vorsehung Gottes nicht forschen, wie Luc. 13. geschrieben, da einer fraget: HErr, meinest du, daß wenig selig werden? antwortet Christus: Ringet ihr darnach, daß ihr durch die enge Pforte eingehet. Also spricht Lutherus: Folge du der Epistel zun Römern in ihrer Ordnung, bekümmere dich zuvor mit Christo und seinem Evangelio, daß du deine Sünde und seine Gnade erkennest, darnach mit der Sünde streitest, wie Paulus vom 1. bis ins 8. Kapitel lehret" (und nun sagt Luther nicht: Damit hast du genug; es heißt vielmehr weiter:) „Darnach wenn du im 8. Kapitel in **Anfechtung** unter Kreuz und Leiden kommen wirst, das wird dich lehren im 9. 10. und 11. Kapitel die **Vorsehung, wie tröstlich die sei**" 2c. Also weit entfernt, daß Luther sagen sollte: In der Anfechtung hilft die Lehre von der Gnadenwahl nicht, wohl aber sonst, Luther sagt im Gegentheil: Dann ist die rechte Zeit, in welcher die Gnadenwahl eintreten muß, wenn man in schwere Anfechtung kommt. — Das sehen wir auch aus dem II. Art. der Concordienformel (Sol. decl. Art. II. § 47), wo es heißt: „**Andere kleinmüthige Herzen auch in schwere Gedanken und Zweifel fallen möchten**, ob sie Gott erwählet habe, und durch den Heiligen Geist solche seine Gaben in ihnen auch wirken wolle, dieweil sie keinen starken brennenden Glauben und herzlichen Gehorsam, sondern eitel Schwachheit, Angst und Elend empfinden." Das ist also auch eine schwere Anfechtung, wenn Einer in Zweifel fällt, ob er von Gott erwählt sei. Wenn er aber diese Lehre recht faßt, so wird er aus aller Angst gerissen, wenn er davon überzeugt wird: Ja wohl, du bist ein Erwählter. — Ebenso wird auch des Trostes Erwähnung gethan, den man in der Anfechtung aus der Gnadenwahl schöpft, in § 57 desselben II. Artikels: „Da aber ein Mensch die Predigt nicht hören, noch Gottes Wort lesen will, sondern das Wort und die Gemeine Gottes verachtet, und stirbet also und verdirbet in seinen Sünden: der kann weder Gottes ewiger Wahl sich trösten, noch seine Barmherzigkeit erlangen; denn Christus, in dem wir erwählet sein, allen Menschen seine Gnade im Wort und heiligen Sacramenten anbeut, und ernstlich will, daß man es hören soll, und hat verheißen, wo zween oder drei in seinem Namen versammlet sein, und mit seinem heiligen Wort umgehen, will er mitten unter ihnen sein." — Und nun nur noch eins. — Der liebe Herr Prof. Stellhorn sagt: „Ist nun die ewige Wahl Gottes geoffenbart, dadurch, daß der allgemeine Heilsweg geoffenbart ist, so steht es so, daß die Wahl dem Haupttheil nach darin bestehen muß, daß der allgemeine Heilsweg festgestellt worden ist." Das ändert die ganze Lehre von der Gnadenwahl, wenn das der Haupttheil ist. Ich gebe von ganzem Herzen zu, daß wir die Lehre von dem Heilsweg erst kennen müssen, bevor wir die Lehre von der Gnadenwahl verstehen; denn es kann Einer ein wahrer Christ sein und bleiben, und doch gar nichts erfahren haben von der Gnadenwahl. Es kann Einer ein wahrer Christ sein und selig sterben und doch bis an seinen Tod an der Gnadenwahl gezweifelt haben. Das ist nicht der Grund des rechtfertigenden Glaubens. Dazu ist uns die Gnadenwahl gar nicht geoffenbart, sondern zum Trost. Aber ich kann wohl viele Tröstungen nicht haben, und doch im Glauben stehen und im Glauben beharren. Wie viele gottlose Prediger gibt es und wie viele Prediger von schwacher Erkenntniß, die die Leute so überaus kurz halten im Trösten! Man denke an die Methodisten, Reformirten, Unirten! Ach, wie spärlich fließt da der Trost, und doch glauben wir, daß auch dort Leute selig werden.

Nein, der Christ muß nicht unbedingt allen Trost haben, der aus der Schrift, aus dem Evangelium fließt, und er kann doch ein Christ sein und bleiben, und so kann es geschehen und geschieht, daß Millionen nichts wissen von der Gnadenwahl und sind doch die besten Christen, sie verzweifeln nicht in der Anfechtung. Daraus ist klar, daß die Lehre von der Gnadenwahl ja nicht eine solche Lehre ist, ohne welche man nicht könnte zum Glauben kommen oder im Glauben bleiben. Aber die Lehre vom Heilsweg ist darum nicht der Haupttheil von der Gnadenwahlslehre. Denn ich meine doch, das ist der Haupttheil, welcher das Wesen einer Sache ausmacht. Was macht nun das Wesen, das proprium der Gnadenwahl aus? Doch nicht der allgemeine Heilsweg? Was die Lehre zur Lehre von der Gnadenwahl macht, ist nichts anderes, als daß Gott eine Anzahl Menschen zur Seligkeit erwählt, verordnet hat. Es ist weit gekommen, wenn man, sobald man so redet, große Augen macht, und sagt: Jetzt sagt er das schon wieder, gewisse Menschen seien erwählt, die müssen selig werden! Schreckliche Lehre! Das ist aber die Lehre des Heiligen Geistes! Mit diesen Worten steht es in der Bibel: Wir seien vor Grundlegung der Welt in Christo erwählt, und es sei nicht möglich, daß die Auserwählten bis zuletzt verführt werden. Also braucht man nicht zu erschrecken; denn es ist die Offenbarung des allbarmherzigen und gnädigen Gottes, der da will, daß allen Menschen geholfen werde. — Herr Prof. Stellhorn hat mir also meine Beweise nicht genommen, und wir sehen: Nur die Lehre der Concordienformel von der Wahl gibt wahren Trost im Kreuz. Nun könnte Herr Prof. Stellhorn beweisen, daß er auch in seiner Weise trösten kann. Aber das ist nicht der specifische Trost, den die Lehre von der Gnadenwahl gibt; denn er macht's immer abhängig vom Glauben, und wir machen's abhängig vom Verdienst Christi und von der Allbarmherzigkeit Gottes. Ich erinnere an § 30 in der Concordienformel, wo es heißt: „Daher werden die Auserwählten also beschrieben Joh. 10.: **Meine Schafe hören meine Stimme, und ich kenne sie, und sie folgen mir, und ich gebe ihnen das ewige Leben.** Und Eph. 1.: **Die nach dem Fürsatz verordnet sein zum Erbtheil, die hören das Evangelium,** glauben an Christum, beten und danken, werden geheiliget in der Liebe, haben Hoffnung, Gedult und Trost im Kreuz Röm. 8., und ob dieses alles gleich sehr schwach in ihnen ist, haben sie doch Hunger und Durst nach der Gerechtigkeit Matth. 5." — Ich mache hier aufmerksam auf das lateinische „perseverant in spe": sie beharren in der Hoffnung; das sind die Auserwählten, denen soll und muß das Kreuz zum Besten dienen.

Es wurde hierauf die Debatte für geschlossen erklärt und beschlossen, heute Nachmittag über Mittel und Wege zu berathen, wie später eine Verständigung herbeizuführen sei. Der Herr Vorsitzende sprach die Bitte aus, daß die lieben Brüder vor Schluß der nächsten Sitzung (am Nachmittag) nicht abreisen mögen, und dann wurde diese Sitzung vertagt mit dem Gebet des HErrn. J. Fackler, Secr.

Elfte Sitzung.

Dienstag Nachmittag, den 5. October.

Es wurde zunächst einem Conferenzglied das Wort zu einer Bemerkung eingeräumt. Diese lautete dahin: Er sei in den 50er Jahren, als ein Glied unserer Synode den Artikel schrieb, aus dem gestern zwei Stellen vorgelesen worden seien, öfter zu diesem gekommen. Er wisse, daß derselbe damals versucht habe, die zwei Lehrtropen in Einklang zu bringen, wozu er durch einen Irrgeist veranlaßt worden sei, der sich zu jener Zeit in Wisconsin herumtrieb, und mit der Behauptung auftrat, wir seien in den Artikeln von der Bekehrung und von der Gnadenwahl von der Lehre Luthers und noch mehr von den Dogmatikern des 17ten Jahrhunderts abgefallen. Dennoch habe jenes Glied, wie er zu erfahren Gelegenheit gehabt habe, es schon damals mehr mit dem sogenannten ersten Lehrtropus gehalten, später aber vollends; wie denn derselbe den zu dieser Conferenz reisenden Brüdern ausdrücklich gesagt habe, sie sollten ihm nicht mit dem „intuitu fidei" heimkommen.

Es wurden nun, um Zeit zu den noch nöthigen Verhandlungen zu gewinnen, Vorschläge gemacht in Betreff der Protokolle, die der Conferenz noch nicht zur Revision und Annahme vorgelegt waren. Der eine Vorschlag ging dahin, dieselben den Facultäten in St. Louis und Fort Wayne zur Durchsicht zuzusenden; der andere Vorschlag, der endlich zum Beschluß erhoben wurde, bestand darin, ein Committee von Dreien zu ernennen, welches hier bleiben und dem die betreffenden Protokolle von den Secretären zur Revision übergeben werden sollen. Es wurde beschlossen: daß eines dieser Committeeglieder Herr Pastor Allwardt, das andere Herr Prof. Pieper sei, welche gemeinsam das dritte Glied zu erwählen haben.

Ferner wurden folgende Beschlüsse gefaßt: 1) Daß die Verhandlungen dieser Conferenz zum Druck befördert werden und daß dies ohne Veränderungen in der Weise geschehe, wie die Protokolle hier vorgelesen und angenommen wurden; 2) Daß Herr Pastor J. T. Große von Abbison als Redacteur die Protokolle zum Druck fertig stelle.

Der Bericht soll auch eine Präsenzliste aller gegenwärtigen Conferenzglieder, sowie ein Namensverzeichniß der Gäste enthalten.

Der Vorschlag wegen der Veröffentlichung der Protokolle gab Anlaß zu einer längeren Besprechung, ehe er zum Beschluß erhoben wurde. Es wurde zunächst bemerkt, es wäre nicht zu verwundern, wenn sich in Bezug darauf verschiedene Meinungen kund geben sollten. Da unsere Verhandlungen noch nicht geschlossen seien, könnten wir jetzt dem Publikum nur Fragmente bieten; andrerseits wären doch Manche, die nicht gegenwärtig sein konnten und jedenfalls den Wunsch hegten, daß auch ihnen der Inhalt unserer Protokolle zugänglich gemacht werde. Würde freilich die betrübte Lehrdifferenz schon hier günstig gehoben, dann würde am besten nichts ge-

druckt. Manche Conferenzglieder sprachen sich anfänglich gegen die Ver=
öffentlichung aus. Es wurde die Ansicht ausgesprochen, es gebe ja noch
andere und bessere Mittel, sich über diese Lehre Klarheit zu verschaffen, als
die Lehrverhandlungen dieser Conferenz. Etliche hoben hervor, daß die
Veröffentlichung doch ihre Nachtheile habe; man bleibe besser innerhalb der
vier Wände; man könne ja alles für den Druck fertig und bereit stellen,
diesen selbst aber verzögern, bis er durchaus nöthig werde; man möge be=
denken, daß die Angelegenheit damit gleich aus dem engsten Kreis durch den
Buchhandel in alle Welt hinaus ginge. Von anderer Seite wurde von
vornherein die vollständige Veröffentlichung der Protokolle für durchaus
nöthig erklärt. Man betonte, der Streit sei bereits in allen Welttheilen
bekannt, wir würden überall als Calvinistische Lehrer hingestellt, die geg=
nerischen Schriften würden in unsere Gemeinden geschickt, diese hätten nun
auch ein Interesse daran, schwarz auf weiß zu lesen, was unsere Pastoral=
conferenz verhandelt habe. Wenn der Bericht öffentlich erscheine, so könn=
ten wir allen Solchen, die etwa durch die Angriffe auf unsere Lehre wankend
geworden seien oder werden möchten, sagen: Seht, das und das, was uns
die Gegner als unsere Lehre vorwerfen, ist nicht wahr, das ists, was
Dr. Walther, das ists, was die Missouri=Synode lehrt. Ein Conferenz=
glied wies darauf hin, wie wichtig die Veröffentlichung um beswillen sei,
weil man ohne Zweifel im Laufe des Streites manchmal gezwungen sein
werde, sich auf diese Protokolle zu berufen, dem Gedächtniß aber entgehe
Manches, und so könnte es wohl kommen, daß später, wenn z. B. auf
Specialconferenzen von dieser Lehre gehandelt werde, Mancher meine, der
Gegner habe so oder so gesagt, ohne daß dem so wäre. Mehr und mehr
Glieder sprachen sich übereinstimmend für den Druck der Verhandlnngen
aus, wenn auch die Begründung hierfür eine verschiedene war. Ein Con=
ferenzglied hob hervor, welch großen Gewinn es habe, wenn wir Gelegen=
heit bekämen, später daheim die sich nach und nach verwischende Erinnerung
an diese Verhandlungen immer wieder aufzufrischen; der Druck sei auch
nöthig, damit es später nicht Schwierigkeiten biete, die Verhandlungen
wieder da aufzunehmen und fortzusetzen, wo man jetzt stehen geblieben sei.
Ein anderes Conferenzglied erinnerte, daß, da bereits von den Opponenten
öffentlich gegen uns geschrieben und unsere Lehre als falsch, als unluthe=
risch, ja als Calvinisch ausgeschrieen sei, auch ein öffentliches Zeugniß von
unserer Seite nöthig geworden sei. Ein anderes Glied sprach sich dahin
aus, daß manche unserer Prediger durch die Verhältnisse gezwungen seien,
jetzt mehr als sonst in den Gemeinden diese Lehre zu treiben, gerade diese
Verhandlungen aber gäben eine köstliche Grundlage; denn auch den Ge=
meinden sei das Licht der reinen Lehre in den fraglichen Punkten umsomehr
zu gönnen, als Zeiten kommen könnten, wo wir nicht mehr solche Gaben
genießen, wie jetzt. Auch wurde darauf hingewiesen, daß allerdings, wenn
wir nichts veröffentlichten, der Vorwurf zu befürchten sei, daß wir uns da=

vor scheuten, dagegen allem Mißtrauen durch die Veröffentlichung der Verhandlungen gebührend begegnet werde. Es wurde auch bezeugt, daß manche Conferenzglieder, die nicht hätten kommen können, geradezu den herzlichen Wunsch ausgesprochen hätten, daß sie durch Veröffentlichung der Verhandlungen auch in den Stand gesetzt werden möchten, an dem Segen derselben theilzunehmen.

Der Vorschlag, die Verhandlungen zwar zu drucken, aber nur den Professoren und den Gliedern des Ministeriums Exemplare einzuhändigen, wurde als von unseren Grundsätzen abweichend abgewiesen, auch auf unsere Praxis bei früheren Lehrstreitigkeiten hingewiesen.

Auf die von einem Bruder gethane Anfrage, wie denn die Brüder der Opposition sich zu dem Vorschlag der Veröffentlichung verhielten, erklärte Einer derselben (Prof. Stellhorn): Mir ist es ganz recht, wenn die Protokolle wörtlich gedruckt werden; und ein Anderer (Pastor Allwardt): Mir auch, ich würde nicht darauf bringen, wenn die Brüder jenerseits den Druck nicht wünschten. Mir für meine Person aber wäre es lieber, wenn das Protokoll gedruckt würde.

Hierauf erklärte Herr Dr. Walther: Mir scheint es ganz gefährlich, die Verhandlungen nicht zu drucken. Das sähe aus, als ob wir das Licht scheuten, vollends, wenn wir sie drucken und nur dem Ministerium zugänglich machen wollten. Das ist gewiß, man möchte es mit blutigen Thränen beweinen, daß wir nun unsere einfältigen Christen mit den Verhandlungen über diese schwere Lehre behelligen müssen. Das haben aber die vor Gott zu verantworten, die die Sache bereits vor die Oeffentlichkeit gezerrt haben. Ich bin, das erkläre ich, unschuldig, daß es so weit gekommen ist. Nachdem es aber so steht, wie es steht, und nachdem es Thatsache ist, daß oft, je unwissender manche Zuhörer sonst sind, je schneller sie sich im Urtheilen zeigen, so ist es auch um so nöthiger, daß wir ihnen gegenüber ein Zeugniß ablegen.

Darauf wurde einstimmig der Beschluß der Veröffentlichung der Protokolle gefaßt.

Hierauf wurde beschlossen: die Lehrverhandlungen für diese Conferenz als geschlossen anzusehen, und dann der Vorschlag zum Beschluß erhoben, daß wir jetzt über die Mittel und Wege berathen, wie wir später durch Gottes Gnade die Einigkeit wiederherstellen.

Die wesentlichen Aussprachen bei dieser Berathung sind in Folgendem enthalten: Ein Conferenzglied wies darauf hin, daß schon vorher zum öftern angeregt worden sei, man müsse erst wissen, wie die Opponenten jetzt stünden; denn, wenn diese uns noch für Calvinisten erklärten, so wäre umsonst, was wir thäten; nur wenn wir sähen, daß sie nicht mehr so stünden, und Hoffnung sei, durch fernere Verhandlungen Einigkeit mit ihnen zu erzielen, könnten wir über Mittel und Wege berathen. Die Opponenten sollten veranlaßt werden, sich auszusprechen. Natürlich, bemerkte ein anderes Glied, könne das eben Gesagte nur Bezug haben auf die, so uns den genannten Vorwurf öffentlich gemacht haben. Die Hauptsache, um welche es sich handele, wurde hier weiter bemerkt, sei die, ob uns unsere Brüder von der Gegenseite für Feinde oder Brüder halten. Sind wir in ihren Augen Brüder, so müssen sie doch erkennen, daß, wenn unter uns ein Streit entstanden ist, derselbe auch unter uns geschlichtet werden sollte; denn wenn Einer erst vor das große Publikum tritt, so urtheilt dasselbe, daß er unter seinen Brüdern kein Recht mehr finde. Bedenkt man das und hält dagegen das Verhalten unserer Brüder, so ist der Weg, den sie eingeschlagen, beklagenswerth. So lange Jemand der Belehrung offen ist, darf man nicht auf die Straße hinauslaufen und schreien: Seht, so steht es mit dem und dem. Man lese, was Dr. Luther im großen Katechismus zum 8. Gebot von denen schreibt, die gleich in die Oeffentlichkeit gehen. Das wäre schön, wenn ein Hausvater auf die Straße herausliefe, um bei den Nachbarn über seinen Knecht zu klagen, was der für ein schrecklicher Mensch sei. Billig würde er hören müssen: „Du Narr, was gehets uns an? Warum sagst du's ihm selbst nicht?" Nun handelt es sich darum, ob die Brüder so gesinnet sind, daß sie nicht aus unserer Gemeinschaft herausgehen wollen, um von außen unser Haus zu beschießen, sondern ob sie in der Hoffnung leben, daß wir doch wohl endlich zur Uebereinstimmung kommen. Das geschieht aber am ersten dadurch, daß wir zusammenkommen und durch Disputiren die Sache von allen Seiten beleuchten. Können wir endlich auch nicht mit der Concordienformel zur Klarheit kommen, nun so gehen wir mit einander in die Schrift. Wenn wir aber jetzt beschlössen, nächsten Sommer wieder zusammenzukommen, und in der Zwischenzeit würden die, die Brüder sein wollen, öffentlich gegen uns schreiben, dann würde sich Jeder bedanken, zu kommen, man würde vielmehr mit Recht jene als Feinde, nicht als Brüder ansehen. — Von verschiedenen Seiten wurden die betreffenden Brüder ermuntert, sich über ihre Stellung auszusprechen, sie müßten doch wenigstens bekennen, daß sie nicht die Hoffnung aufgegeben hätten, wieder zur Einigkeit mit uns zu gelangen, und daß sie sich des öffentlichen Schreibens wider uns enthalten wollten. Sie mögen wohl noch denken, sie hätten die Wahrheit und wir müßten endlich zu ihnen treten, das schade nichts, wir dächten auch so; aber sie müßten bedenken, daß es ein friedlicher Kampf um die Wahrheit unter Brüdern sei. Man sei zu einem Waffenstillstand bereit, während dessen die Streitfragen wohl in Conferenzen und auf Synoden berathen, nicht aber ein Kampf in der Oeffentlichkeit geführt werden dürfe.

Einer der Brüder aus der Opposition erklärte, er habe von Anfang an, als er die Lehre, die jetzt öffentlich von der Wahl geführt werde, erkannte, dieselbe für eine Abirrung, nie aber die Missourisynode für seine Feindin gehalten, wie man auch an seinen Aufsätzen habe wahrnehmen können. So stehe er noch, so habe er immer gestanden; er hoffe, daß man schließlich noch einig werde, nicht nur im Allgemeinen, sondern auch in Phrasibus; er hoffe, daß wenn nun die Verhandlungen gedruckt vorlägen, von beiden Seiten Alles immer besser überlegt und geprüft werde, und daß man auf Grund dessen, was verhandelt wurde, den Faden finde, an dem man wieder anknüpfen könne, nachdem die Angelegenheit in kleineren Kreisen besprochen worden sei, auf welche Weise man mehr ausrichte. Ich möchte aber, fuhr Redner fort, nicht unbedingt versprechen, nicht mehr zu schreiben, wovon ich ja nicht weiß, ob ich es werde halten können. Auf die Bitte eines Bruders, er möge doch bedenken, daß so lange er öffentlich gegen uns schreibe, er uns damit als Feinden gegenübertrete, ja, eine Art Selbstmord begehe, und möge doch darum sagen, ob er nicht sein Schwert in die Scheide stecken und nicht mehr öffentlich auftreten werde, ehe er nicht weitere Schritte gethan; — erwiederte Jener damit, daß er erst bezeugte, wie schwer es ihm geworden sei, gegen die Synode, seine geistliche Mutter, die Feder zu ergreifen, dann aber mit den Worten fortfuhr: „Ich kann mein Gewissen nicht beschweren, ich will wachen und wenn ich es wieder nöthig finde, werde ich schreiben. Ich bitte, nicht mehr zu verlangen." Auf eine direct dahinzielende Frage antwortete derselbe Bruder: „Für jetzt will ich nicht schreiben, will sehen, was daraus wird."

Es wurde sehr gewünscht, daß sich Pastor Allwardt auch über die Beweggründe offen und ehrlich ausspreche, die ihn zum öffentlichen Auftreten veranlaßt hätten. Ehe sich derselbe darüber äußerte, geschahen noch folgende Aussprachen: Wenn man sage, man könne nicht versprechen, sich des öffentlichen Schreibens gegen uns zu enthalten, so sei auch der Waffenstillstand nur ein bedingter. Man habe bisher alle Verleumbungen, alle Verdächtigungen, alle Schmähungen ruhig getragen, nun sei es Zeit, zu erklären, daß man den als Feind ansehe, der wieder so, wie es geschehen, öffentlich gegen uns auftrete. Wer könnte denken, daß es in einer Gemeinschaft, in der Lehrzucht herrsche, so hergehen dürfe! Wolle man durchaus Krieg, so solle man ihn auch haben. Man habe bisher nicht aus Feigheit geschwiegen, nicht, weil man etwa nicht gewußt hätte, sich zu vertheidigen, sondern aus Liebe; zwinge man uns aber dazu, so würden sich die Opponenten wundern müssen über unsere Sprache, wie wir dann unsere Feinde öffentlich charakterisiren müßten. Das wolle man nur deshalb bemerken, damit man uns später, wenn wir durch erneute Angriffe in Blättern und durch Verdächtigungen in den Gemeinden genöthigt sein sollten, unsere Gegner öffentlich bloßzustellen, nicht sagen könne: wir hätten doch am Schluß dieser Conferenz so friedlich geredet, als läge darin ein Widerspruch. Redner wies darauf hin, wie von dieser Seite so gar ängstlich vermieden worden sei, auch nur Namen zu nennen, man habe aber mit Schmerzen und Seufzen und Thränen erfahren und beklagen müssen, wie man versucht habe, selbst Gemeindeglieder mit Verdacht gegen uns zu erfüllen. Mit vielen überaus herzlichen Worten bezeugte dasselbe ehrwürdige Glied der Conferenz, wie

viel Jammer, Noth und Herzeleid ihm dieses öffentliche Auftreten von Brü=
dern bereitet, wie er in den letzten neun Monaten mehr Sorge und Kummer
erlebt, als je in seinem ganzen Leben, also, daß es wohl auch noch sein Tod
sein werde; so lange er aber die Feder halten könne, so lange er seines Amtes
zu warten vermöge, werde er nicht durch ferneres Zusehen zum Verräther
werden an der Wahrheit und an unseren Gemeinden; die Ehre Gottes und
das Heil der Gemeinden ständen ihm am höchsten. Wenn es unter uns
bleibe im brüderlichen Kreise, so könnten wir wohl kämpfen, denn deshalb
sei Einer noch nicht unser Feind, weil er anders denke und im Irrthum sei;
gehe aber Einer hinaus in die Oeffentlichkeit und mache unsere Gemeinden
irre, so müßten wir auf dem Plan sein und würden dann nach keines Men=
schen Ehre fragen. Das gegebene bedingungsweise Versprechen, man wolle
nicht mehr öffentlich schreiben, so lange es das Gewissen leide, nehme man
an, müsse aber gleich bemerken, daß man fernerhin nicht dulde, daß Einer,
der unser Synodalglied sei, in fremden Zeitschriften gegen uns auftrete.
Es sei schon vorgekommen, daß uns feindselige Blätter Aufsätze von unserer
Seite zurückgewiesen hätten, während sie mit Freuden Aufsätze gegen uns
aufnähmen.

Ein anderes Conferenzglied wies darauf hin, wie ihm von der Re=
daction unserer Zeitschriften die Aufnahme eines Artikels gegen die Gegner
versagt worden sei, weil man, wie er zur Antwort erhalten habe, gegen diese
nicht feindlich handeln wolle; dessen Veröffentlichung verlange er, wenn jene
in Zukunft fortführen gegen uns zu schreiben. Wohl habe er den Auf=
sätzen eines Bruders unter den Opponenten abgefühlt, daß er nicht Bitter=
keit erzeugen wolle; aber habe dieser sich darauf berufen, wie er unter viel
Sorgen die Feder ergriffen, so solle er vielmehr sehen auf die vielen Thränen
und das Seufzen, das durch sein öffentliches Auftreten verursacht worden
sei, auf das dadurch gegebene schreckliche Aergerniß, ohne daß er bisher seine
Lehre habe beweisen können.

Ein Conferenzglied bemerkte, er wolle einen Grund nennen, der wohl
die Opponenten bewogen habe, in einem eigenen Blatt ihre Lehre zur Gel=
tung bringen zu wollen. Die Redaction unserer Zeitschriften nehme eben
Jener Aufsätze nicht auf. Nun bedenke man aber die Forderung, welche
darin liegt, das zu thun. Die Redaction des „Lutheraner" und der „Lehre
und Wehre" soll gerade das Gegentheil der von ihr vertretenen Lehre auf=
nehmen, diese Blätter damit zum Tummelplatz der Wahrheit und des Irr=
thums machen; das sei nur bemerkt, um zu erklären, wie jene Brüder dazu
gekommen seien, in andere Blätter zu schreiben, die denn auch gerne solche
Entgegnungen aufnähmen. „Es ist aber", fuhr derselbe Redner fort, „die
Frage: War denn das wirklich der einzige Weg, der Jenen überblieb?
Hätte ihre christliche Liebe wirklich nichts anderes finden können, um an den
Westlichen District zu kommen? Der einzig richtige Weg wäre gewesen,
daß man den Westlichen District bei der Allgemeinen Synode verklagt

hätte und diese hätte entscheiden lassen; von welcher man aber wiederum, wenn nöthig, sich noch an einen andern Körper, an die Synodalconferenz, habe wenden können, wenn man meinte, wir irrten. — Die in der Synodalconferenz vereinigten Synoden haben sich verbunden, sich nicht öffentlich anzugreifen, sondern immer erst die Sachen im eignen Hause zu besprechen. Nun ist es gewiß gegen die Liebe gewesen, daß man diesen Weg nicht betreten hat, sondern ein eignes Blatt gründete, gegen uns zu schreiben." — Hieher, wurde von einem Glied bemerkt, gehöre auch, daß, wie man Keinem unter uns ein Recht einräumen dürfe, öffentlich gegen uns zu schreiben, so auch keiner den Streit in die Gemeinden werfen dürfe, worauf auch die Synodalbeamten sehen und, wenn nöthig, eingreifen sollten.

Ein Glied der Conferenz bemerkte Folgendes: „Wem es hart scheinen möchte, daß wir zu den Opponenten sagen: Nur wenn ihr öffentlich schweigt, können wir weiter mit euch handeln, der bedenke das Aergerniß, die Schmach, die Schande, welche bereits über die Synode gebracht wurde, und wie auch Manche, die auf dem Wege waren, zu uns zu kommen, dadurch davon abgehalten werden. Da habt ihr, sprachen die Feinde sonderlich auch in Deutschland, die rechtgläubige Missouri=Synode! Wir wissen, wie schwer diese Lehre ist, wie es einen Kampf kostet, in diesem Geheimniß den Weg zu gehen, wie ihn uns Gott in seinem Worte zeigt; wir wissen, wie wir in der letztbetrübten Zeit leben und wieviele Christen in Noth ob diesem Streit gestürzt werden. Man sehe das alles an! Wie könnten wir uns nun gefallen lassen, daß der Schade fortgesetzt werde? Wir müssen um der Seelen willen, die uns anvertraut sind, für die wir Rechenschaft geben müssen, das Versprechen verlangen, daß ihr öffentlich schweigt."

Ein anderes Conferenzglied erklärte, daß er auch so stehe, wie einer der Opponenten von sich bekannt. Dieser nämlich halte unsere Lehre für falsch und irrig, er hingegen die Lehre Jenes; dennoch könne er, ebenso wenig wie Jener, die Hoffnung einer schließlichen Einigung aufgeben. Das öffentliche Auftreten der Brüder halte er für Sünde, man möge aber für jetzt nicht weiter in Jener Gewissen bringen, bestimmtere Versprechungen zu geben, sondern getrost weitere Arrangements zur Beilegung des Streites machen, er könne sich wohl in Jener Lage denken.

Hierauf nahm ein Glied der Conferenz das Wort und machte darauf aufmerksam, daß das Verhältniß eines Predigers zu seiner Synode ähnlich sei dem eines Gemeindegliedes zu seiner Gemeinde. So lange ein Solcher Glied der Gemeinde sei und nicht ungerechter Weise aus der Gemeinde geschlossen, dürfe er doch nicht die Gemeinde schlecht machen bei denen, die draußen sind. Thue er das, so gehöre er in Kirchenzucht, es sei nun das, was er sage, gleich wahr oder nicht. Man solle, wurde fortgefahren, freilich nicht zwingen; das würde auch gar nichts helfen, die Opponenten würden es doch nicht halten. Wenn sie aber denken, daß es ihr Gewissen nicht erlaube, zuzusagen, daß sie nicht mehr öffentlich gegen uns auftreten, erklären wir: Wenn ihr das thut, sollt ihr auch wissen, was ihr zu erwarten habt, daß wir dann nicht anders mit euch handeln können als wie mit Feinden. Gott fordert von uns die uns anvertrauten Gemeinden, und wir können nicht ruhig zusehen, wie diese zerstört werden. Unsere Opponenten können das nicht übel nehmen, wenn wir gegen sie auftreten. Glauben sie gegen uns schreiben zu müssen, so nehmen wir das nicht übel, aber wir können das nicht von ihnen dulden, wenn sie Synodalglieder sein wollen.

Hierauf erklärte ein Glied der Opposition: „Daß er zwar lieber auf den ihm gemachten Vorwurf, daß er nicht in rechter Weise vorgegangen sei, nicht weiter eingegangen wäre, wie er denn bisher diesen Vorwurf ruhig habe hingehen lassen; nachdem man aber denselben so stark urgire, sei er genöthigt, darauf einzugehen. Er müsse erklären, daß er allerdings an den Allgemeinen Präses geschrieben, aber den ganzen Sommer vergeblich auf weitere Schritte gewartet habe. Er habe auch mit Brüdern auf einer Specialconferenz einen Satz besprochen, der ihm in einem ihrer eignen Berichte aufgefallen sei, ohne den westlichen Bericht von 1877 mit anzugreifen. Er beziehe sich ausdrücklich auf diese Privatwege. Er habe von Anfang nicht geschrieben und noch damals auf jener Conferenz erklärt, er wolle noch 5 bis 10 Jahre warten. Dann sei aber der westliche Bericht von 1879 gekommen, wodurch er die Sache in ein solches Stadium getreten zu sein glaubte, daß er nicht mehr länger mit gutem Gewissen warten könnte." Soweit Pastor Allwardt.

Der Ehrw. Allgemeine Präses Pastor Schwan bezeugte, daß allerdings jener Bruder ihm eine Schrift zugeschickt habe, worin er einige Einwendungen gegen die Lehre von der Gnadenwahl im Synodalbericht des Westlichen Districts erhob, welche Schrift er mit seiner Einwilligung an die St. Louiser Facultät gesandt habe behufs weiterer Verhandlungen. Wenn aber Pastor Allwardt so begierig gewesen wäre nach Privatverhandlungen, so möge er erklären, warum er die ihm und einer andern Person angebotene Gelegenheit, die Sache vor der Zeit des Colloquiums in Columbus mit einem alten Glied der Synode, Präses Fürbringer, zu besprechen, nicht angenommen, sondern ausgeschlagen habe, da doch erwartet werden konnte, daß er gerade gegen diesen als einen ihm freundlich Gesinnten ein gutes Vorurtheil trage?

Darauf antwortete Pastor Allwardt: Da Herr Präses Schwan nicht wußte, wo Herr Prof. Schmidt zur Zeit sich aufhalte, so sandte er die Einladung zu einer Privatbesprechung zwischen Herrn Präses Fürbringer und Prof. Schmidt, welche vor dem Colloquium stattfinden sollte und an welcher ich, wenn ich wollte, auch theilnehmen könnte, an mich. Ich sollte sie an Prof. Schmidt gelangen lassen. Ich that das sofort. Es war aber durch den Umweg, welchen die Einladung genommen hatte, so viel Zeit verloren gegangen, daß Prof. Schmidt erklärte, er könne nicht mehr vor der Synodalconferenz nach Michigan reisen. Allein hinzureisen, war ich, so viel ich mich erinnere, nicht aufgefordert.

Herr Präses Schwan bemerkte hierauf in Bezug auf die Zeit, daß seine Einladung nach Frankenmuth Ende Juni, etwa den 26sten*) geschehen, die Conferenz in Columbus aber erst Mitte Juli gehalten worden sei, und frug den Bruder in Bezug auf den Inhalt jenes Briefes, ob er nur jene andere Person durch ihn, oder nicht vielmehr auch ausdrücklich ihn selbst eingeladen habe?

Pastor Allwardt erklärte, daß er das Letztere nicht bestreiten wolle, wenn es behauptet werde, er habe auch nur gesagt, daß er sich dessen jetzt nicht mehr erinnern könne.

Als hierauf der Ehrw. Präses geradezu constatirte, daß er allerdings Beide eingeladen habe, berief sich Pastor Allwardt darauf, daß doch die Zeit sehr kurz gewesen sei, er habe es auch nicht so angesehen, daß er allein etwas ausrichten könnte. Er habe den ganzen Sommer gewartet, daß etwas geschehe, bis dann der Synodalbericht des Westlichen Districts gekommen sei, der sie, selbst mit deutlichem Hinweise auf Personen, so hart angreife. Diese directe Bezugnahme sei die Ursache des öffentlichen Auftretens.

In Bezug auf dieses öffentliche Auftreten und die Herausgabe des gegnerischen Blattes wurde bemerkt, daß man durch Belege, schwarz auf weiß, es als eine Unwahrheit widerlegen könne, wenn Jemand behaupten wolle, daß nur der Bericht von 1879 die Veranlassung zu öffentlichem Angriff und zur Herausgabe eines besonderen Blattes gewesen sei oder diese Schritte nothwendig gemacht habe; schon viel früher sei ein Brief geschrieben worden, in welchem jene andere Person bereits feierlich ausspreche, daß sie es für ihre Pflicht halte, nun öffentlich gegen uns aufzutreten.

Pastor Allwardt erwiederte, daß das Gesagte auf ihn keine Anwendung finde, weil er damit nichts zu thun habe. Ueberhaupt sei er nicht zuerst durch einen Andern darauf aufmerksam gemacht worden, sondern durch eigne Prüfung des Westlichen Berichts auf den Dissensus gekommen. Ehe er noch gewußt, daß auch Prof. Schmidt an dem Bericht Anstoß nehme, habe er die Angelegenheit dem Districtspräses vorgelegt, und während sie davon gesprochen hätten, sei Herr Pastor Koren eingetreten und habe erzählt, daß Prof. Schmidt auch Irriges in dem Bericht finde.

Präses Schwan bemerkte, daß man ja das, was hier abgewiesen werde, gar nicht behauptet habe, mit dem Vorhergehenden sei nicht er gemeint gewesen; man sei weit davon entfernt, Herzenskündiger sein und über seine Gesinnungen richten zu wollen. Man möge sich aber doch recht herzlich prüfen, ob wirklich die Motive des Auftretens ganz friedfertige gewesen seien. Unser Herz ist ein wunderlich Ding, sieht oft furchtbare Dinge,

---

*) Das genaue Datum ist der 30. Juni.

hält es für Pflicht, dies und das zu thun, und betrügt uns oft selbst über die Motive unsers Handelns. Man möge sich doch fragen, ob man alles an den Brüdern gethan habe, ehe man gegen sie als gegen Feinde verfahren sei. Das sei gar leicht gethan. Welche schreckliche Folgen habe es aber manchmal, welchen Eindruck mache es, der oft nicht wieder zu verwischen ist! Die Opponenten möchten doch erkennen, was sie angerichtet hätten, und bedenken, daß Gott in seinem Worte ermahne, man solle heute, wenn man seine Stimme höre, die Herzen nicht verstocken; man bitte sie auch, zu bedenken, daß etwas von dieser Stimme jetzt an ihr Ohr klinge.

Es wurde Einiges in Bezug auf den Bericht Westlichen Districts von 1879 bemerkt. Wie wenig komme darin vor, was persönlich bezogen werden könne! nur ein klein Bischen werde darin wie mit der äußersten Fingerspitze etwas berührt, wovon Redner gewußt habe, daß der betreffende Bruder es gesagt. Kein Mensch, außer wer schon vorher mit der Sache bekannt war, habe gewußt, wer damit gemeint sei. So hätte also doch dieser keine Ursache gehabt, so empfindlich berührt zu werden. Allerdings, entschiedener werde im Bericht zurückgewiesen eine andere Person, aber die meisten Brüder selbst im Westlichen Distrikt hätten auch hier gar nicht gewußt, wer gemeint sei. Man wolle jetzt jene Person nicht nennen, man wolle nicht ihre Schande aufdecken, wie sie gesucht hätte, unsere Synode zu untergraben und sich einen Anhang zu verschaffen. Da seien die Briefe geflogen, wie in einem Intelligenz-Comptoir. Wenn der Betreffende sich beklagen wolle, so habe er dazu keine Ursache; denn Niemand, der es nicht vorher gewußt habe, konnte wissen, daß er gemeint sei. Es ist lauter Vorgeben, wenn sich derselbe auf den Bericht von '79 beruft; vielmehr war offenbar das seine größte Freude und er hielt es für sich sehr günstig, das zu thun, obwohl er gar nicht genannt war, während er schon vorher aufs feindseligste vorging; das könnte man, wenn man wollte, mit Zeugen aus unserer Mitte beweisen. „Unser lieber Bruder Allwardt", fuhr derselbe Redner fort, „ist zu empfindlich gewesen und hat zwischen den Zeilen gelesen und gedacht: Am Ende meint er mich. Ich wünsche, daß Sie nie in Anfechtung und Gewissensnoth gerathen über das furchtbare Aergerniß, das Sie gegeben haben, über den unsagbaren Schaden, der unserer Synode, unserer Literatur, unserm guten Namen zugefügt worden ist. Den großen Segen, den Gott auf unser Werk gelegt hat, haben Sie mit wilder Hand zerstört. Doch es ist nicht meine Absicht, über das Vergangene zu handeln; ich wollte nur, daß Sie überlegen, ob nicht Ihr Gewissen erlaubt, die begehrte Zusage unbedingt zu machen."

Etliche Glieder der Conferenz erklärten, daß sie denjenigen der Herren Opponenten nicht mehr als Bruder, sondern als Feind zu betrachten und zu behandeln sich im Gewissen gedrungen fühlten, der noch ferner in öffentlichen Schriften gegen uns auftrete.

Es wurde von einem Glied der Conferenz darauf hingewiesen, daß schon durch die Hand des Friedens, die wir jetzt böten, jede Handlung ausgeschlossen sei, die den Frieden störe; habe doch selbst Zwingli im Colloquium zu Marburg versprochen, nicht mehr gegen Luther zu schreiben, wie sollte nicht viel mehr ein Glied unserer Synode, das so freundlich behandelt worden sei, brüderlich handeln, so lange er selbst zugeben müsse, daß noch Aussicht sei zur Wiederherstellung der Einigkeit!

Es wurde nun von der Conferenz beschlossen, einem Gast, Herrn Pastor Sieker, das Wort einzuräumen. Nachdem derselbe bezeugt, wie ihn ja nicht die Lust, sich unberufen einzumischen, zum Reden bewege, sondern allein der Jammer und die Noth der Kirche, welche ihm schon Monate lang auf dem Herzen lägen und einen Ausdruck suchten, wies er in längerer Rede darauf hin, wie unmöglich es sei, daß die betreffenden Brüder völlig den schrecklichen Schaden bedacht haben könnten, den sie angerichtet hätten. Tausende von lutherischen Christen auf der ganzen Welt sähen auf die Missouri-Synode; eine Menge hätten von ihr die Lehrgaben genommen, die ihr Gott geschenkt habe; viele hätten, nach langem Widerstreben gegen die Wahrheit, durch ihr Zeugniß überwunden, die Wahrheit angenommen, unter welchen aber viele an Erkenntniß noch wenig gegründet seien und noch nicht fest im Vertrauen gegen die, aus deren Händen sie die Gaben genommen haben. Welchen Eindruck, sprach Redner, müsse in diesen Kreisen der aus der Synode Mitte erhobene Vorwurf des Kryptocalvinismus machen! Welche mächtige Waffe sei dem Satan in die Hand gegeben! wie viele Herzen seien dadurch zu Seufzern und Thränen bewegt worden! Er wisse es, wie durch den Kampf, durch die Treue, durch die Gaben der Missouri-Synode in manchen Kreisen die Herzen anfingen, sich mit Vertrauen ihr zuzukehren, und nun müsse man sehen, wie Solche, die anfingen, Vertrauen zu gewinnen, uns entfremdet würden, und Solche, welche theils aus Neid, theils aus verbissenem Grimm uns gegenüberstehen, jubeln. Durch dieses Auftreten aus der Synode heraus sei (wie diejenigen, welche solchen Kreisen näher stehen, wüßten) die Möglichkeit abgeschnitten, sie zu überzeugen. Müssen sie nicht denken, es sei mit der Missouri-Synode so weit gekommen, daß da ein ehrliches Gewissen nicht mehr aushalten kann, daß ein bedrängtes Gewissen nicht mehr zeugen darf im Kreis der Brüder, daß man aus ihr heraus muß, um sein Gewissen zu retten? Mit herzlichen Worten bat Redner, daß doch die betreffenden Brüder das um Gottes Ehre und der Seelen Heil willen bedenken und keine Ruhe haben sollten, bis sie ebenso öffentlich erklärt hätten, daß sie unrecht, ja schändlich gehandelt; denn nimmer würde es ihnen gelingen zu beweisen, daß die Missouri-Synode Zeugen mit Ungerechtigkeit begegne. Wie wollten sie nur ihr Thun vor Gott verantworten, dadurch die Herzen Vieler, die er nennen könne, wie das seine, mit Jammer verzehret würden, nicht seit heute, sondern schon seit dem Erscheinen jenes Blattes, weil die Gefahr da sei, daß selbst das ganze Werk der Synodalconferenz darüber zu Trümmern gehe.

Ihr habt das gethan, schloß Redner, und wir Andern, die wir das sehen müssen, wir klagen Euch darob an, und ob dem Seufzen so vieler Seelen, nicht nur in diesem Kreise. Das ists, was ich Euch sagen wollte.

Nach dieser Ansprache erklärte ein Glied der Conferenz (nämlich Herr Pastor T. Körner), daß es sonderlich durch die Aussprachen heute morgen vollkommen überzeugt worden sei und von der Seite derer abtrete, die bisher gegen die öffentliche Lehre der Synode opponirten.

Etliche Brüder bekundeten durch ihr Zeugniß, daß sie gar nichts davon gewußt hätten, daß ein Glied der Conferenz durch die Aussprachen auf der Westlichen Districtssynode angegriffen sein sollte; also könnte das öffentliche Auftreten desselben ja nicht nöthig gewesen sein.

Es wurde bemerkt, daß der Vorschlag vorliege, sich über das Verhältniß zu den Synodalgliedern auszusprechen, die hinfort in öffentlichen Blättern gegen uns auftreten; es sollte ja eine Sache sein, die sich von selbst versteht, daß der nicht in rechter Geisteseinigkeit mit uns stehen kann, der das thut; Redner sei es ganz unbegreiflich, wie Einer denken könne, als Bruder eines Bruders zu gelten und dabei seine Brüder öffentlich zu beschimpfen und zu verklagen; wie es aber am Tage sei, sei es nöthig, daß man das auch ausspreche; die Beamten müßten wissen, ob sie die Zustimmung der Conferenz zu ihrem Handeln haben. — Ich für meinen Theil, schloß Redner, erkläre im Voraus, daß ich es für selbstverständlich ansehe, daß Jemand, der öffentlich uns angreift in fremden Blättern oder Widerspruch in Gemeinden weckt, nicht Beamter der Synode, Lehrer an unsern Anstalten oder Pastor innerhalb der Synode sein kann.

Ein Conferenzglied erwiederte auf eine oben gemachte Bemerkung, wenn sich ein Bruder angegriffen gefühlt habe durch den westlichen Districtsbericht, so habe er die Pflicht gehabt, anzufragen, ob er gemeint sei, da kein Name genannt wurde. Das habe er auch Pastor Allwardt gesagt und ihn gebeten, ja nicht öffentlich zu schreiben. Er habe ihm gerathen, nach St. Louis zu gehen und dort mit Dr. Walther Rath zu pflegen, ja sich bereit erklärt, mitzugehen, was aber abgewiesen worden sei; so auch ein anderer Vorschlag: es vor die Nordwestliche Districtssynode zu bringen, die nahe sei und gewiß, wenn sie überzeugt werde, gemeinsam mit ihm eintreten und mit der Westlichen Districtssynode handeln werde. So viel wolle er einfügen, daß man sehe, er habe seine Pflicht gethan. Er müsse aber auch sagen, daß, nachdem wir Pastor Allwardt erklärt haben, wir hielten ihn noch für einen Bruder und wollten im engeren Kreise mit ihm handeln, wir es für einen Widerspruch gehalten hätten, wenn wir gesagt hätten: Aber versprechen können wir nicht, daß wir nicht öffentlich gegen euch schreiben. Die Brüder möchten bedenken, ob es nicht ein Widerspruch sei, mit Jemand in Synodalgemeinschaft sein und zugleich ihn öffentlich angreifen wollen.

Paſtor Allwardt entgegnete: Es ſei wahr, Herr Präſes Strafen habe ihn ermahnt; aber ebenſo wahr ſei auch, daß Präſes Strafen es immer zu= gegeben habe, im weſtlichen Bericht ſeien ſie mit ihrem Widerſpruch ge= meint und der Weſtliche Diſtrict habe Unrecht daran gethan, die Sache ſo anzugreifen.

Ein anderes Conferenzglied machte auf Zweierlei aufmerkſam, nämlich erſtlich: man habe ja freilich hier in America ſchon öfter erleben müſſen, daß Prediger, und zwar die beſten, gegen ihre Synode ſchrieben, weil ſie in einer Synode waren, wo weder Lehr= noch Lebenszucht im Schwange ging, wo andere Schritte nichts genützt hätten; die aber jetzt gegen uns ge= ſchrieben haben, haben damit auch erklärt, Miſſouri ſei ein irreformables Corps; wenn man da die Wahrheit ſagen wolle, müſſe man ausgehen. Damit hätten ſie ſich ſchrecklich verſündigt, wenn es auch in Unwiſſenheit geſchehen wäre. Zum Andern ſei zu bemerken, daß Paſtor Allwardt damit ſein Gewiſſen nicht verletzt haben würde, wenn er geſagt hätte, er wolle nicht mehr in öffentlichen Blättern gegen uns ſchreiben. Das verſteht ſich von ſelbſt, daß, wenn ich endlich ein ſolch Verſprechen nicht halten kann, weil es gegen Gott wäre, man mir daraus keinen Vorwurf machen kann; aber im Voraus ſagen: Man wolle gegen Einen als Bruder handeln, und zugleich: aber man könne nicht verſprechen, ihn nicht öffentlich anzugreifen, das ſei ein Widerſpruch. Freilich ſollten die Opponenten dieſes dann nicht verſprechen; ihr Gewiſſen müßte es ihnen dann verbieten, wenn ſie ſagen könnten, daß wir ſchändliche verruchte Ketzer wären; wie könnte nun ein ſolch Verſprechen ihr Gewiſſen verletzen, da ſie das doch gewiß nicht von uns ſagen wollten!

In Folge des oben Geſagten erklärte Paſtor Allwardt, daß er nicht deshalb öffentlich aufgetreten ſei, weil er ſich durch perſönliche Angriffe be= leidigt gefühlt habe, ſondern um der Sache willen; denn er habe gefürchtet, daß dieſe Lehre, die er für falſch gehalten habe und noch halte, immer tiefer Wurzel ſchlage. Derſelbe fuhr weiter fort mit den Worten: Was das Verſprechen betrifft, ſo habe ich mich nicht ſo ausgeſprochen, als ob ich kein ſolches gäbe; ich habe vielmehr klar geſagt, meine Abſicht ſei, zunächſt nicht zu ſchreiben, wollte alſo ſagen, was eben der Vorredner ſagte; worauf er erklärte, daß er allerdings durch die gehörten Ausſagen erſchüttert ſei in der Gewißheit, daß er ſchon nothwendig öffentlich auftreten mußte, ohne vorher privatim noch mehr Schritte gethan zu haben, obwohl er das noch feſthalten müſſe, daß der Weſtliche Diſtrict zuerſt den Fehler begangen, die Sache ſo anzugreifen.

Ein Conferenzglied frug ihn, ob er gewußt habe, daß in Columbus neue Vorbereitungen für ein Colloquium in ſpäterer Zeit getroffen worden ſeien; und als darauf die Antwort erfolgte: Ja, er habe dies erfahren; als aber der Bericht von 1879 gekommen ſei, habe er es ſo angeſehen, daß der Weſtliche Diſtrict vorgegriffen und die Sache vereitelt habe; — wies

Jener darauf hin, daß der Bruder, auch wenn er nach seiner Meinung lange vergeblich gewartet habe, doch aus jenem habe sehen können, daß man handeln wolle, und demnach aus Liebe nicht hätte öffentlich auftreten sollen. Man wies auch darauf hin, daß man es dem Westlichen District nicht übel nehmen dürfe, wenn er von Gegnern spricht; denn schon lange vorher wären vom Redacteur des „Alten und Neuen" geschriebene Thesen im Umlauf gewesen, davon eine ganze Anzahl in der Synode circulirt hätten, ja, durch Jenes Schuld sei es gekommen, daß selbst Gemeindeglieder gewußt hätten, daß Gegner jenes Synodalberichts da seien. So sei eine Bezugnahme auf den Widerspruch nöthig geworden.

Zum bessern Verständniß wurde noch bemerkt: Daß wir diese Lehre im Jahre 1879 verhandelten, kam daher, daß wir anno '77 nicht fertig wurden. Damals kamen wir zu diesem Gegenstand durch die auf der Westlichen Districtssynode begonnene und schon viele Jahre fortgesetzte Besprechung des Themas: „Daß allein durch die Lehre der evangelisch-lutherischen Kirche Gott die Ehre gegeben werde." So sollte auch durch die Darlegung der lutherischen Lehre von der Gnadenwahl gezeigt werden, wie auch in diesem Artikel die lutherische Kirche Gott allein die Ehre gebe. Da man aber die von uns dargelegte Lehre zu verdächtigen und überall Parteigenossen zu werben suchte, ist es doch nicht zu verdenken, daß wir näher darauf eingingen. Wenn Leute mit der Lunte in der Hand in der Stadt herumlaufen, um sie anzuzünden, so wird man doch nicht sagen wollen, man solle sie ruhig gehen und ihr Werk treiben lassen. Nach diesen Worten ermahnte derselbe Redner aufs allerherzlichste den Bruder, der selbst bekannt habe, daß er durch das Gehörte innerlich erschüttert sei, er möge doch die Gelegenheit nicht vorübergehen lassen, ohne sein Unrecht zu erkennen. — Hierauf fuhr er fort zu zeigen, was für eine schreckliche, allerschlechteste Sorte von Theologen die Kryptocalvinisten gewesen seien, was für ein schändlicher Verdacht also auf uns gewälzt worden sei, und schloß mit einbringlichen Bitten der Liebe, umzukehren. Er fühle jetzt etwas von dem, was Luther gefühlt habe, als Zwingli gegen ihn auftrat; wenn aber die Brüder einlenkten, so wollten wir nicht zürnen, auch wenn nun der Stein, den sie geworfen hätten, weiter rolle, und nicht wieder gut zu machen sei, was verborben worden wäre.

Die Conferenz faßte den Beschluß: Daß wir jeden von den Opponenten, der öffentlich gegen uns auftritt, nicht mehr als einen Bruder, sondern als einen Feind betrachten. Mit diesem öffentlichen Zeugniß begnügte sich die Conferenz, ohne die Opponenten weiter zu speciellen Versprechungen zu nöthigen. Doch wurde darauf aufmerksam gemacht, daß sich dieser Beschluß nicht nur auf das Schreiben in einem gewissen Blatt beziehe.

B e s ch l o s s e n : Nächstes Jahr soll wieder eine allgemeine Pastoralconferenz gehalten werden. Zeit und Dauer: Drei Tage unmittelbar vor der Delegaten-Synode. Ort: Fort Wayne, wenn uns die Gemeinden dortselbst freundliche Aufnahme zusagen, um welche der Vorsitzende der Conferenz sie im Namen derselben vorher zu bitten ersucht wird, und nur im Nothfall die Conferenz an einen andern Ort berufen soll.

Es wurde noch zum Schluß allen hiesigen Gemeinden der Dank der Conferenz für freundliche Bewirthung, und insonderheit Herrn Pastor Wagner Dank für seine Mühe ausgesprochen, worauf sich die Conferenz nach einem herzlichen Gebet des Vorsitzenden bis, s. G. w., nächstes Jahr vertagte.

A. Krafft, Secr.

www.ingramcontent.com/pod-product-compliance
Lightning Source LLC
Chambersburg PA
CBHW020140170426
43199CB00010B/824